大行大禪師的超越宗教的真理教誨

人生不是苦海

hanmaum

人生不是苦海
大行大禪師的超越宗教的真理教誨

著者 / 大行大禪師
翻譯 / 柳時和
編輯 / Hanmaum International Culture Institute (HANMAUM國際文化院)
發行/ Hanmaum Publications (HANMAUM出版社)
出版登錄番號 / 384-2000-000010
初版 / 2006年 9月
再版 / 2014年 2月
封面設計 / 朴洙緣

如需瞭解詳情，請通過以下地址與我們聯繫。
Hanmaum International Culture Institute (HANMAUM國際文化院)
大韓民國 京畿道 安養市 萬安區 石水洞 101-60
〒430-040
tel: (82-31) 470-3175 / fax: (82-31) 471-6928
e-mail:onemind@hanmaum.org
www.hanmaum.org

ISBN 978-89-91857-36-0 (03220)

Printed in Republic of Korea

국립중앙도서관 출판시도서목록(CIP)

人生不是苦海 : 大行大禪師的超越宗教的真理教誨 / 著者:
大行大禪師 ; 翻譯: 柳時和. -- 再版. -- 安養 : Hanmaum
Publications, 2014
    p. ;   cm

원표제: 삶은 고가 아니다
원저자명: 대행대선사
한국어 원작을 중국어로 번역
ISBN 978-89-91857-36-0 03220 : \16000

법어집[法語集]
불교[佛敎]

224.2-KDC5
294.34-DDC21   CIP2013028291

謹將此書

獻給宇宙法界中的

一切生靈

人生不是苦海

大行大禪師的超越宗教的真理教誨

大行大禪師 著

한마음
hanmaum

▋目 錄

獻給所有尋路者

我用淚水述真情。
我用真情道實意。
我雖無口才，更乏表現力，
但若說起來，卻只有一種，
那就是真實。

不，並非要用語言描真實，
而是真實讓我來表白。

所以，若我言非真實，
此身變成粉末也好，
死後變成蟲子也罷。

語非要用言辭去結束，
而要如願去成法。

只要開了口，
天會知的，
地也會明的，
響徹宇宙的一句話，
應該去說那樣的話，
也應該那樣去聽。

1996年9月15日

大行合掌

▍序 文

衆人說佛法難。又說佛教把人生的價值看得無足輕重。果真如此嗎？二千五百年前，釋迦牟尼拋棄世俗榮華而出家，並不是拋棄人生，而是爲了探索新的人生。他的出家終於歸結爲開拓「無上智」的路，又歸結爲大自由和大自在。佛陀曾說過：「此法是現實之法，肉眼能見之法，人人皆能驗證之法。」意思是說，佛陀出家後覺悟的法，並非是脫離現實之法，而是揭曉現實之真面貌的法，同樣也是人人都能親身體驗的法。果真如此，佛陀斷言任誰都能夠品嘗得到的法，會是難的嗎？又說是現實之法，在現實中能夠驗證的法，難道還能說「佛教有脫離現實之傾向」嗎？

說佛法難，是因爲經典的數量太過於龐大，又是被圈在難解的漢文之中，誤認爲佛教把人生價值看得無足輕重，又可能是因爲佛教把重點放在逃離苦海成爲自由人的修行方法之上。佛教既不難，也沒有輕視人生價值。只要稍有想學之意，就能感受得到：沒有比佛教更易懂、更分明的了；就能從入門的瞬間起，使人生變得豐裕和充實起來。佛陀曾說過：「此法開頭好，中間好，結尾也好。」佛教被稱頌爲甘露法之緣由也在於此。佛教不是特異的宗教。佛教是通過生命、生活之道理，自然地體現出來的真理。佛教不像其他宗教那樣供奉神像，跪在其前乞求賜福，而是由於「我」的存在，因而能夠品嘗且親身

體驗的那種教誨。只要把向外的目光轉向自己的內面，就有可能在瞬間領悟的那種法。問題就在於我們的亂猜亂測，真是令人焦慮。

但是，若說有道破「佛法猶如洗臉時摸到鼻子那麼容易」之人，此人便是一心禪院的大行大禪師（Daehaeng Kun Sunim）了。大禪師教誨說，只要抓住「主杖者」入門的話，遲早會遇到生命之泉源（主人空：Juingong）。為了能讓每個人容易理解，且能在生活中直接實踐，她又教誨眾生「人生不是苦海」的道理。若說是沒有苦的人生之路，那麼「開頭就好，最終也好」是不容置疑的。

本書是匯總大禪師的教誨歸納而成的。特別是為那些不瞭解佛法的初學者，整理了在生活中能夠實踐的內容。因此，不會給人難解或生硬的感覺，相反卻能給人一種仿佛垂手可得的親近感受。所以到了某個關頭，比如「看、聽、說，餓了就進食，累了就休息是佛法」之境地後，反而會覺得糊裏糊塗，但其中卻滲透著佛法的精髓，豈不怪哉？發掘了大禪師的教誨整理成冊後，斗膽隨頌為「人生不是苦海」。期望能對眾多佛門弟子的修行有所裨益。

佛紀2540年9月15日
西紀1996年9月15日
Hanmaum禪院 主持 徐慧圓 合掌

▌大行大禪師（Daehaeng *Kun Sunim*[1]）簡介

1. 大行大禪師

　大行大禪師于1927年出生在一個軍官的貴族世家。這樣的地位使他們的家族相當富裕，但是到了大行大禪師出生之時，情況已經變得很不穩定。日本帝國主義開始策劃對韓國實行殖民統治，並於1905年出兵佔領了韓國，使得當地百姓民不聊生，生活在水生火熱之中。她的父親曾經是韓國（朝鮮）最後一個王朝的軍官，在日本佔領期間持續抵抗殖民統治。結果，日本殖民者奪走了他們所有的家產與土地，僅僅留下只夠保暖的衣物，迫使他們全家老小背井離鄉，渡過漢江，在漢城（Seoul）附近的南山下築起了簡陋的小屋居住，靠著行乞和撿農田裏的剩餘作物來維生。日本殖民者對朝鮮瘋狂地壓制和掠奪，使得朝鮮王朝迅速敗亡，這些悲慘的遭遇使得大行大禪師的父親充滿了絕望和挫折。雖然他總是對別人充滿善意並樂於助人，但是他將他的憤怒與挫折宣泄在了他的大女兒大行大禪師身上。大行大禪師感到困惑和迷惘，不知道爲何會如此，她盡可能經常地離開家——那座小屋，然後走到附近的森林裏去。雖然黑漆漆的森林和陌生奇怪的聲音讓她充滿恐懼，只能用樹葉覆蓋

---

[1] Kun Sunim: Kun Sunim是韓文譯音，Sunim指佛教的男性或女性僧侶，是一種禮貌性的稱呼；Kun指偉大、大、高之意。

在身上保暖，但是她卻感覺到舒適和寧靜。久而久之就這樣開始了她森林裏的生活。

當時大行大禪師只有八歲大，這樣饑寒交迫的日子持續了大約兩年。但她已經向生命的實相與自然的本源跨出了第一步。大行大禪師開始感到非常的不同，對獨處荒郊野外的夜晚所感到的恐懼已經逐漸消失，而且黑漆漆的夜晚漸漸變得舒適、溫暖和美麗。在森林中富與窮、優與劣，兩者並無什麼差別，唯有生命自在其中。然而森林之外的世界似乎充滿了不平等與痛苦。

起初，大行大禪師覺得納悶，是誰創造了她，然後突然又使她無家可歸，而且為何其他人也是如此的受到饑餓與疾病之苦。當時，她注意到沒有一棵樹是相同的，甚至每一顆雨滴也是不同的。八歲小女孩的心目中，這些現象和事實都是不平等的。有時候，她一整天都倚靠著岩石來思考，歸根究底地想要知道，是誰創造了她。甚至在她年紀稍大之後，還是被這些思想困擾著：「如果找不到，那我還不如死掉的好！」然而，森林仍是她感到寧靜與舒坦的泉源，雖然她對這些問題掙扎不已，但如果她不曾處在森林之中，這樣的探索也就不可能發生。

經過內心的不斷磨練，有一天，她突然領悟到：她真實的「爸爸」其實就存在於她內在的深處。那並不是她一直以來不敢見到的自己的生身父親，而是「創造」她的「爸爸」，是真正的

自己（true self）。她才明白了她真實的「爸爸」，其實就是她與生俱來的「佛性」，一直就在她的靈內。她充滿了喜悅，不斷地哭喊著：「爸爸！爸爸！」自此之後，大行大禪師把念誦「爸爸」當作是她愛的傾吐。每當她寧靜地念著「爸爸」時，她感覺仿佛所有的石頭、樹木、動物以及其他一切的事物都成了她親密的朋友，這一切與她融為了一體。她並沒有貪求要達成什麼或去除什麼。她只是有個想法，就是萬事萬物的「根本處²」會知曉一切。因此她只是很自然地靜觀自己的內在。

大行大禪師的父親很頑固，常常嚴厲地對待她，使她無法忍受。所以她更加堅定地認為，她內在感覺到的「爸爸」才是她的父親。當時她並不知道內在的世界竟然是如此的奧妙和廣大，僅僅是在內在反復地念著「爸爸」而已。對一個被人遺棄的貧窮小女孩而言，竟能感受到「法³」（Dharma）的無上體驗，這不能不說是一個很大的驚喜了。

後來，大行大禪師繼續堅持著說：「你（爸爸，真實的自己），在這個世界上是無法被取代的，我要見到你的樣子。」她感覺到發自內在的一股聲音……「從鏡子裏看進去，我就在那裏。」但是，不論她試了多久、多少次，她還是只從鏡中看見她自己的臉，別無其他。她感到全然的挫折，因為她未曾聽

---

² **根本處:** 佛性之意。

³ **法:** 真理之意。

聞過任何關於「佛法」的宣說，也從來沒有研習過任何經典，因此她無法瞭解這句話的真實意涵。當時大行大禪師年約十八歲。

1945年，韓國脫離殖民地重獲自由後，大行大禪師流浪到韓國南部海邊城市釜山，在那裏她開了一家以碼頭工人和窮人爲物件的餐館，同時兼任裁縫師，用取自軍服的材料製作平民百姓的衣服。雖然足以供養衆人並裁制衣物給別人，但她卻暗自感覺到：透過物質方式來幫助人們，還是有它的局限性。於是她決心去發展心靈的無限力量，依循著她「內在的引導」，往北方五臺山出發。在那裏有一位偉大禪師的寺院，而幾年前她曾經遇見過那位師父。

在五臺山，當大行大禪師已成爲行者（*haengja*[4]）後，有一次她進入上院寺附近的比丘尼[5]禪修堂，靜坐了三天，她的膝蓋痛如破裂。這時，突然從她的內在裏升起一個念頭：基於何種理由要如此摧殘這輛「馬車[6]」？何以不鞭打「牛[7]」，而駕馭

---

[4] **行者:** 進入寺院欲出家，但尚未正式剃度的修行者。在正式出家之前，必須經過一到三年訓練，一方面考驗他的意願，其次用來評價他的狀況。

[5] **比丘尼:** 佛教的女性僧侶稱爲比丘尼，男性僧侶稱爲比丘。比丘也可作爲對兩者的禮貌語而通稱。

[6] **馬車:** 肉身之意。

[7] **牛:** 心之意。

「馬車」呢？何來讓我升起這些念頭？是誰教授的？於是，她離開了禪修堂，再次回到森林中生活，繼續鑽研她師父曾告訴過她的話：「如果你能睜開眼睛深睡三年的話，你將會『一死』。」當時對她而言，無所謂遵守戒律與否，削髮爲尼與否的問題，她的一切只集中在「內在」，進入「無心之境」。

1950年的春天，大行大禪師成爲沙彌尼[8]，她的師父——漢巖大宗師再度爲她剃去頭髮，問道：「現在，是誰在受戒？」

大行大禪師回答：「並沒有你在授戒的片刻，也沒有我在受戒的片刻，只不過是只鶴，飛翔于一座青山而已。」
師父問：「你應該一死，而後你才會見到你自己。」
大行大禪師答：「該死去的我在哪里？該被殺死的我又在哪里？」
師父問：「你的心靈在哪里？」
大行大禪師答：「你一定很渴了，請來杯水吧。」
師父再度問道：「如果我是個磁鐵，你是一根鐵釘，將會發生什麼事？」
大行大禪師答：「鐵釘也會變成磁鐵。」
師父非常歡喜地說：「多麼傑出啊！從現在起，走你自己的路吧！」

---

[8] **沙彌尼:** 佛教僧侶中的最初級，女的稱為沙彌尼，男的稱為沙彌，在成為比丘(尼)前，至少在此階段度過四年。

之後不久，韓戰爆發了。以前，當大行大禪師經歷困苦的時候，也只是容忍，卻沒給自己造成困擾。但是看到民衆在戰爭中受到極度的苦難，她也痛苦得無法忍受。在目睹戰爭的苦難與不幸後，大行大禪師再度更徹底地去追求了悟人生的意義。她並沒有自滿於她已經領悟到的真理，她繼續問：「生存是什麼？我是誰？爲何我尚未見到『爸爸』？」她持續幾天幾夜不吃不喝地苦修，但來自內在的回答只有一句：「你應該『一死』，才會見到我。她漸漸明白了，她必須徹底解決這一問題——應該一死，才會見到『爸爸』。」

她感覺到，如果要見到她稱之爲「爸爸」的「自根[9]」，最好是結束她的肉身，所以她決定擺脫她的身體。她七次企圖結束她的肉身，但都失敗了。大行大禪師漫無目的地走著，她唯一的想法是，死在一個任何人都不必爲她的肉身所煩惱的地方。她的雙腳停在漢江高聳的峭壁邊緣，但當她往下俯視著水面的刹那，她忘記了有關結束肉身的一切。她站在那兒半天，只是看著水面。突然她又回過神來，接著走路。當走路的時候，她想到一個事實——雖然企圖過七次，但都以失敗告終的事實。然後她明白了，棄離身體終非正道，不禁流著淚說：「眼淚是慈悲，它應當成爲大海，而且我必須再度飲下此大海。」她當下領悟到，眼淚不再是眼淚，眼淚反倒變成了喜悅。

---

[9] **自根:** 佛性之意。

傳統上，修禪的人四處雲遊並尋求不同的禪師，試圖學習並考驗自己了悟的程度。然而大行大禪師並沒有這麼做，她從不拿自己和他人作比較，也從未滿足於自己已經瞭解到的程度，只是持續嘗試將她的領悟付諸應用與實驗，且不執著於任何的經驗或道理，默默地前行而已。

大行大禪師在山中修行超過十年的光陰。總是透過心靈（mind）來修行，並檢驗她的經驗與領悟，完全不顧她肉身的平安。每當她覺得應該吃些東西時，她就吃，不管是葉子或野草。有時她會尋得一些野果或野菇，有時農夫也會給她一些生豆。她只穿一些夏天輕薄的衣服，在松樹下或靠近河邊的溝洞裏度過冬天。她的皮膚乾裂出血，瘦得只剩下一堆皮包骨，頭髮用藤蔓綁成髮箍。但她的眼睛閃耀著光芒，像天空的星星那樣。雖然大行大禪師經歷了許多苦難，但她從不認為她的修行是苦行。她只將她的注意力放在她真實的本性（根本，內在）上。她並沒試著為她的身體做些什麼，因為她的注意力不在那裏。

對大行大禪師而言，放得下或放不下的問題都不存在，她只是將她所有的覺知放在創造她的「根本[10]」上面。她絲毫沒有將注意力放在外在的事物上，只是注視著那些她內在心靈感應的東西，像是靜靜地坐在草原上，留神觀察著寧靜的心靈一般。即

---

10 根本: 佛性，主人空之意。

使思想暫時帶來困擾，心中升起疑問，她也不與之對抗。這樣修行的時候，答案有時會突然出現，有時則很慢才來。她就這樣又度過了一段時間。

諸如「這是什麼道理？」「誰這樣做？」，這樣的問題時常會升起。比如，有一天一個問題生自內在：「爲何你的這只腳掌比另一隻腳掌大？」但她往下一瞧，兩個腳掌的尺寸卻是相同的。每當面臨這樣的問題，她會非常深入地思索它們。這時她不會感覺到時間的流逝，天氣的寒冷。不過，這些並不是有意的作爲，只是自然發生的；她甚至沒有意識到她的身體，唯有心靈呈現出一片清晰與光明。雖然她的眼睛閉著，但內在卻是清楚地醒著。有一次，她嘗試幾天靜止不動，事後整個身體僵硬到無法移動。

又有一次，當大行大禪師在一條河邊俯身飲水時，在倒影中看到自己異常憔悴的面容，突然升起一個念頭：「雖然我的心靈似乎安好，但肉體爲何如此糟糕？」當時，內在出現一股聲音：「佛陀也是這樣，在那裏面，有真實的佛。佛陀爲了拯救未覺悟的眾生，會進入野獸的巢穴抑或進入五種地獄。佛陀能成爲青蛙、豬、或狗。那麼，在哪一時刻，什麼樣的形象時能稱作是佛陀呢？」這時，她才清楚地見到她自己真實的本性，她念念不忘，尋找已久的——「爸爸」。此後，大行大禪師繼續往那「不以爲二」的世界，即向自己與宇宙不以爲二的世界出發前行。

檢視她當時的體驗，大行大禪師已經清楚地悟到了無邊無際的內在世界與心靈的力量，但她默然地繼續使它增長。譬如，她感到好像能將整個宇宙的本源與生命掌握在手中；在大的領域上，她開始探索整個地球、太陽系、整個銀河，乃至銀河之外；在小的範圍中，她也特別關注民眾的疾病。她以心靈的力量來試著治癒疾病，後來她發現各種疾病先形成於看不見的世界，然後再在現實世界中顯現的過程及道理。

後來，大行大禪師有一次在山中經歷了巨大的光。她在靜坐中突然感覺被一陣巨大的光明所包圍。這個光明往四周延伸約有四公里遠。無以言喻的滿足與舒暢充滿著她。每個事情與事物的「道理」，都顯得一清二楚。這次經驗之後，她感到總是被光明所圍繞，同時所有的生命、萬事萬物也都在幫助著她。

大行大禪師說：「我從未企圖修行成佛或悟道。因為我誕生於這個世界，我只想知道我是誰，我是什麼？在瞭解到我的身體不是我，我的意識不是我，我的意志也不是我之後，我只想知道『真我』是什麼，『真我』是誰而已。」

有人問過大行大禪師，她在山中修行的時候，達成了什麼？大行大禪師回答說：「大多數人認為當悟道之後會達到某一個輝煌的具體狀態或境界。然而，沒有什麼需要達成才是真正的達成。倘若你說你已經達成、達到、覺悟了什麼，那麼你就尚未

達成、達到、覺悟到。沒有什麼要達成，沒有什麼要達到，沒有什麼要覺悟——這才是要達成、達到、覺悟的道理。」

另一個人問道，爲了覺悟，其他人是否也要像她一樣在山中修行？大行大禪師回答：「當然不是，最重要是透過自己的心靈去修行，而不是透過身體，我只是通過我的環境和遭遇來修行罷了；我很窮，而且無處可去，所以只能那樣修行。不用管自己的境遇如何，把在現實生活中所面臨的一切問題當作材料，必須透過自己的心靈來修行才是正道。」

1961年，大行大禪師覺得是應該安住下來的時候了，她停留在了起嶽山上院寺的一座小修行窟中。這個消息傳了出去，許多人來拜訪，並且請求指點迷津。後來大行大禪師就在那裏，還有原州附近的地區，度過十年的時光，幫助所有她所遇見的人，同時進一步增長了許多不同的經驗。

可是過了幾年之後，大行大禪師開始感到這樣並沒有真正對人們有所幫助。人們會來請教問題，尋求幫助，但解決了該問題後，或早或晚，他們仍然又面臨其他的問題。因此，大行大禪師認爲需要讓人們知道他們自己本身就有佛性，該佛性是他們與生俱來的，他們自己的佛性會引導並解決他們所面臨的一切難題這一事實。

因此，大行大禪師在1972年時遷徙到漢城南邊的安養（Anyang）市，建立了第一個 *Han Maum*[11] Seon Won（一心禪院）。在那裏她開始教導人們去領悟他們自己的真實本性。許多人被大行大禪師的教導所吸引，因爲她引導他們如何在日常生活中修行，不論他們如何忙碌，不論他們從事何種工作，也不論他們的家庭狀況如何。歲月流逝，更多來自他方的人們開始要求大行大禪師在其他各地建立更多的分院。于2013年現今，除安養本院外，還設有二十五個海內外分院，並有180余名大禪師的受戒弟子在各院內專注于修行。大禪師于2012年5月22日零時圓寂，享年86歲，法臘63歲。

2. 大行大禪師的教誨

大行大禪師所說的任何東西都是基於她親身的體驗，她不會宣說她不曾經歷過的東西。她的講道也總是在自然而非刻意的情況中進行的。雖然根據不同的參訪者或修行者的程度，她的教誨途徑有不同，但她總是強調：每個人的內在裏有與生俱來的無限能力。藉由信任自己的「靈性[12]」，可以消融舊有的習慣與苦惱，增長智慧，並成爲悟道者。

---

[11] Han Maum: Han意指「一」、偉大的、全體；Maum指心靈，亦即心，也是指宇宙性的意識——對任何事物或在任何場所共同存在。Han Maum就是一、偉大的、全體心靈，同時是所有事物的內在連結。
[12] 靈性: 是佛性之意。

大行大禪師經常簡單地教導人們；要信任他們自己內在的「真我：true self」——他們自己的 *Juingong*[13]（主人空），把任何擺在面前的事情或問題，都放于主人空，並把這些遭遇交給主人空來處理，然後繼續前進。下面是大行大禪師普渡眾生的幾個要點。

● 信心

每個人內在都有與生俱來的「佛性」，因此能修行，並且能解決所有遭遇到的事情。有時這種「佛性」被稱爲「能力」、「真我」、「自性佛」、「心靈」、「真主人」、「心座」、「根本」、「船長」、「舵手」、「力量」、「主杖者」、「發電廠」等等，但大行禪師使用「主人空」這個名詞。我們生來就有能力成爲絕對自由自在的人，但我們卻沒能夠聰明地使用心靈，常常無法敲進我們內在偉大的「根本」。

● 放下與託付

藉由放下一切的遭遇，並將之交付給我們的真實本性——主人空，我們能夠不爲一切執著，讓主人空接管所有的事情。大行大禪師告訴人們，不管順境與逆境，主人空都會處理好這兩者，所以每個人應該做的就是——不管遭遇到任何境遇，把

---

[13] Juingong: Juin是「主人」，指真實的擁有者，而gong是「空」。所以Juingong是指我們的佛性，一方面是真實的擁有者，同時另一方面，該佛性不是固定的實體，總是在改變與形成中。

一切都交付給自己的主人空。對一般人來講，放下分辨好壞的「分別之心」是極難之事。遭遇好事就執著於它，遭遇不好事就要脫離，所以很難進入真理世界。大行大禪師說：「主人空就是從億萬年前以來一直引導你進化至今的『力量』，怎麼能不信任他呢？」自己的主人空有廣大無邊的能力與智慧，但只因我們不信任自己的主人空，所以主人空便無法「啟動」。大行大禪師再三囑咐用自己的鑰匙（信任自己的主人空）打開充滿寶物的倉庫之門。

● 一切事情都取決於你的想法

一切事物都尾隨在心靈之後，心靈並不是跟隨物質的。心靈如何起伏，一切物質與能量就尾隨在後回應。我們生活不自由，那只是因為我們對事物有固定不變的想法和執念。所有我們身體裏活著的「業識」，都跟隨著我們的思想，因此必須小心仔細地對待我們的思想。所以，因「一個意念[14]」的不同，同樣的客觀世界會變成天堂或者地獄。舉個例子：有人作夢，夢見爲園裏的花都凋謝了。對此，一個人釋夢爲「不祥之夢」，另一個人則釋夢爲「花謝乃能收穫之夢」。根據不同的解釋，現實中的結果也完全相反。

---

[14] **一個意念:** 是從根本升起的另一個思想，超越分別和相對境界。

● 正面地去解釋一切事情

因為任何事情都有賴我們的思想，所以無論是什麼事情，總是要正面地看待它們，這是重要的。所以大行大禪師教人們正面地看待、理解每一件事物，例如「這樣的遭遇是為了教導我」，「這是真實的自己在教化我」，「那是過去我無知行為所造成的，因此現在我能埋怨什麼呢？」任何的遭遇，甚至是夢，也應該正面地去解釋才對。

● 物質領域與非物質領域

大行大禪師告訴我們，一切我們所見、所感、所聽、所接觸到的，以及所思考的事物，事實上只是實相（reality）的一半罷了，其他的一半常常不能接收到，或者只能想象它們。當我們使用知識或思想時，只不過是物質領域的那一面而已。不過當我們放下並將萬事萬物交給主人空時，主人空能綜合使用物質界和精神界的道理，發揮整個實相的全部能力，接管一切事情。

● 以「不以為二」去看待萬事萬物

宇宙中萬事萬物，生來就是「非為二」的，但是人們經常只見到其中的一半，以為每件事物都以獨自分離的狀態存在。大行大禪師則教人們應視萬事萬物為「他們自己」。她曾解釋過某一經典的句子：「自始以來，所有的眾生是共心、共體、共生、共用、共食的存在」，「所有的心靈與我的心靈並無不

同，不以爲二。」而任何性質的怨恨與憤怒，不論看起來有多正當，只會增加自己的痛苦。

● 禪就是日常生活

大行大禪師並非不鼓勵人們實行靜坐的冥想修行，但同時她也說，靜坐本身不是禪的全部。某種只能於特定時刻爲之的修行，其本身並不是禪。大行大禪師說：「地球並不因你坐著而開始運轉，也不因你站起而停止運轉。」行、住、坐、臥、一舉一動都是禪。無關乎名稱與形式，真正的禪、真正的增長、真正的心靈實踐是每天二十四小時實行的。總是將所有的問題放于自己的主人空（佛性），然後一邊觀之，一邊體驗其所有大大小小的經驗過程，才是真正的禪。

● 親身體驗

大行大禪師總是強調增長經驗的重要性，而且要試著將經驗應用到所知的事物上。光知道某些事物是不夠的，應該去應用它們。透過道理的實地經驗，能深化我們的信心與信念，甚至養成能夠放下一切的勇氣。

● 修行與悟道

大行大禪師往往告訴人們，爲了見到真實的本性，必須「一死」，也就是說，人們必須放下一切，只要信奉自己的主人空，這樣，主人空就會顯現出來。此後，真正的修行才會開始。這過程當中，不得執著於所看到的、聽到的，或經驗到的

所謂「神秘之事」，必須保持秘密，並且把這一切再放下給主人空，不得告訴他人，也不得執著於它們。在這個階段，固然會倍覺愉悅，但你仍須「再度一死」。

第 1 章 : 何處來,去何蹤?

1. 成佛之能，人人皆備

與諸位共聚一堂時，大家(各位)總是聽完我講述佛法後離去，
而我卻從諸位的誠懇，真誠之心中學到了許多，並且每當看到
諸位下決心在生活中對佛法加以實踐的時候，不禁讓我熱淚盈
眶。有的時候，看到有人或因被疾病折磨，或因無法繳交子女
的學費而流淚時，委實感到痛心。越是艱難之時，越要努力心
修。但是許多人仍慣於求助於他意，依賴於他力。這種習慣，
從現在起，也應該立即改掉。不要被別人的話牽著走，要弄清
楚，讓我今天能存在於此的「根本」。首先應該弄清我從何方
而來，又去向何方，懂得我心中既有佛陀又有眾生。

我將此根本稱之爲主人空。這主人空使我具有萬思萬想，能夠
行動。諸位應該知道這一事實。正因爲諸位不知自身的「根
本」主人空，所以要問他人，求卜卦先生，或依賴法師。無奈
之時，貼上一道符，心裏才感到那麼一點安慰。請問諸位，如
果在走路時滑倒，是否該叫別人或等別人來扶起呢？我想應該
是從滑倒的地方靠自己站起來吧。只要是人，誰都具有遇事自
行解決的能力，就是說人本身具有治病的能力。

但是，因爲自己不相信自身的能力，所以雖有能力也發揮不出
來。猶如自己的項鏈是真的珍珠項鏈，卻懷疑該項鏈是假的，
而像乞討的乞丐一般。所以我常說，要相信自己的根本，即

「主人空」的能力，而後堅定不移地把一切託付于主人空，這樣諸位不但能解決自身遇到的難題，還能體驗到潛藏於自己內在的能力。這是在堅信「主人空主宰一切」的前提下，一往直前，發現我「真面目」的方法。

諸位，不論是誰，只要稍加思索，便能感覺到「我」確實是很奧妙。不僅會看、會聽、會說，行動起來更是時時刻刻自動靈活，而且作為高等動物的人，「心」的作用很深奧。如果知道這一點的話，那麼從開始就要相信「原來是這樣的！」而邁出下一步，還有必要明知如此，卻硬說是這樣或那樣嗎？在繁忙的世上，邊跑邊想的時候，不必欲知「誰在做」，而要「主人空，你幹得好！全部拜託給你了，瞧你的！」單刀直入地直接敲門才是。

自己便是妙法之主宰人，而問他人，求卜卦先生，該是多麼愚蠢，又多麼可笑呢？動不動就買護身符深藏於身，或是藏於枕下；對五行六位的講究，鬼魂附體，天災人禍降臨，諸多禁忌……果真若此，那麼也只不過是個奴隸，怎算得上是人呢？我真不能理解每個人本身已具有向前之能動，卻為何像蘆葦一般左右搖擺不定呢？

暫且不提將自己的事詢問他人之荒誕，給人家占卦者又為何人？卜卦先生是不食人間煙火的超脫世俗的人嗎？其所為也不

過是搬神弄鬼而已。眾所皆知，佛陀並沒有教誨我們生活如此，而是教誨我們堂堂正正、聰明地生活，上求菩提、下化眾生。佛陀如此教誨，是因為人人都具有相應的能力，才讓我們發掘而為之，而不是明知我們沒有能力，還要對我們說「試試看」的。

蕓蕓眾生，皆具有與佛陀一樣的佛性。之所以為眾生，是因為沒有醒悟。若能領悟則人人皆為佛，且正因為人人具有佛性，才會人人都有能自由自在的潛在能力，也正因為具有此能力，才能夠自覺地從摔倒的地方站起來。此話並非本人杜撰，而是佛陀之言。這真是令現代人惊喜、兴奋的消息。

想想看！我們每個人都具有與佛陀相同的能力，這是多麼令人驚訝的消息呢？並且不必到處乞求、進貢，只要堅信自己的內在「根本」而生活的話，就能充分發揮本身的能力，這又該是多麼令人興奮的消息呢？所以我說：「生了病，自身即具有治病的能力；遇到了難題，自身也具有解決的能力。」不單疾患如此，自身還有能力熔化掉所有由於因果而來的報應，遺傳性問題，且有能力打破無間地獄。這樣多好？我們每個人都是佛，人人都具有無限的能力。

也許諸位都認為佛陀單獨存在於另一個高高的世界，但實際上那樣的佛陀是不存在的。如果說真有那樣的佛陀，那麼佛陀也

早已經不存在了。諸位每個人都已經是佛陀，還怎能說誰是佛陀而誰不是呢？假如只有某些人是佛陀，而眾生只該跪拜乞求的話，那麼「一切眾生都具有佛性」之言，豈不成了謊言？難道釋迦牟尼說錯了話？人本來就是佛陀，差別只是醒悟與否而已。因此釋迦牟尼一輩子做了弘法，卻又說：「我連一句話都沒有說過。」釋迦牟尼這麼說是因爲他怕諸位不顧「自己內在的佛」而到處尋求。因此，佛陀諄諄囑咐道：「不要追隨我，而要依靠你自己，要把自己當成指路的燈。」

諸位已成爲佛門弟子，若不聽從佛陀教誨，如此之徒又何能稱爲佛陀之徒呢？我再一次強調，各位來此禪院，不要信奉那佛的「形相」也不要信奉我。我與諸位同在，見到我時若認爲「那個人的心、意、行三者不與真理相悖」，把我當成鼓勵自己用功的契機即可。我也是因為大家的存在而隨緣如此而已。

希望諸位從現在起，皆能信奉自己內在的佛陀，即自己的根本——一心[15]主人空，想禮拜便向自性佛禮拜；想叩頭就向自性佛叩頭；向此供養，對此明燭，認真用功。不要左顧右盼，請堅定不移地信奉自己的主人空，就像僕人跟從主人一般，把一切託付給他。

---

[15] **一心**:「一」是廣大無邊，一切合爲一體之意。「心」是指無形的，超越時空的，無始無終的根本心。所以「一心」包含著宇宙全體和其裏面的一切眾生的心。換句話說，所謂「一心」是指萬物眾生的心和三千大千世界彼此相連併合爲一體而運轉。這裏所說的「一心」跟在前面所提過的主人空、根本處是同一個概念。

如果諸位真心信奉一心主人空，把一切託付給他的話，將來就不會存在託付與否的問題，而「託付的諸位」與「主人空」會融爲一體。都歸爲「一物」以後此「一物」也會消失，因此到了最後連「只有這『一物』」這句話也不必說。不管如何，從此諸位再也不用到處奔波，應努力信奉各自內在的「真我」，即爲主人空。不然，到處奔走，此處求、彼處供，將來如何能經受得了繁雜的人生之苦呢？

在佛像前，拜一百零八次、三千次、一萬次也不如真正信奉自性佛而拜一次。道理既是如此，各位還要放棄如此良法，而四處奔走尋求嗎？如此奔走，行百步，尚不如懂此道理者之一步。因爲知道此道理而行之與不知道此道理而行之，就好像一步和百步的差距一樣。

修行佛法，不論長相、貧富、學識與權勢，誰都能做。只要有一顆真誠的心，任誰都能夠做到。

2. 深植我根

所謂自性三寶是指佛、法、僧。首先應該是「佛」，即指不動卻能授力之根本；其次，「法」是指運心；再其次，隨之而行者為「僧」。所謂皈依自性三寶，意思是說：我們每個人都已經具備以上三個條件，所以我們要堅信不疑、拋開思量，把目光轉向自身的內在。也就是說，我們堅信動、視、聞、去、往等一舉一動都在內在的「根本處」主宰，就是皈依自性三寶之意。猶如樹木堅信自己的根而四處展伸。如此皈依於自性三寶，就不會成為自己的包袱；也不會成為佛、鄰裏、家庭的累贅。再者，把目光轉向內在，那麼從外部介入的問題，不論是喜是憂，都會歸咎自己。之所以要如此，是因為不論如何，所有之事，都是因我來到此世才發生的。

也許有人會說，「只有自己有了過才歸咎自己」，但皈依自性三寶之後，便能很自然地悟出：一切都是從我的根本處受到力量，且動了自己的心，並以此為基礎而發生的。因此，自己所遭遇的一切事情都皆因「自己」而致。但是對此卻大傷腦筋地去斤斤計較「是我的原因？還是你的責任？」結果將是怨天尤人，人生就變為「苦」。

修行「心道」的人，會把每件事都放置於內在。因此，說話與行事謹慎。這是因為他們懂得放下自己內在的「事」，重新成

爲「現實」之法理，於是生活上便沒有了什麼障礙。若是不知此理，而只以現象及物質境界而爲之，則將會頻生矛盾，事故隨身。此時，若是諸位，又該當如何呢？諸位若皈依自性三寶而成爲「法身」，能以內在的運心主宰外在現像，那自由之處當然會不少。

世間萬物，以心傳心，以心連心。諸位知道這是為何嗎？結論很簡單，就是說，諸位現在的身上包含著過去歲月所歷經過的萬千象貌（業識）。也就是說，現在的諸位是經歷了數億劫歲月，經過進化與創造的過客，一切「過去的經過」完全留存於「現在諸位」的身上。因此，諸位與客觀的一切畢竟不能為二，不論何時，都能與所有的對象進行聯絡。用肉眼觀看，似乎可辨出「你」與「我」，但是在「看不見的世界」裡，都屬一體。所以，不存在通與不通的問題，也不存在唯我的世界和秘密。「我」的每個想法、一舉一動，會輸入進去，且傳播於四大，因此全體都會知道，不！不是被動知道，而是自然能知之。

所以說，倘若諸位能把一切事情歸咎自己，把每件事情都放在「自己的根本」上的話，一切都將變得和睦，一切都會歸於一心。和睦的家庭裡，會有多少平安及喜悅呀？同理，諸位不論有何事，只要皈依內在，當「內在」之力量顯現於現實之時，便會成為「法」而關照(庇護)各位。即會化險為夷，掃清一切之障礙。

把自己的心集中而深深紮根於此「中心棒」，那便是「定香」，諸位在何處都不會動搖。堅信一切歸於此中心而一切出自於此中心，便會成為「戒香」。只有如此，才能算是真正遵守五戒。但是，如果心有旁騖，就不能真正入定。只有中心正且能牢牢掌握，才能無礙地出入一切。好比唯有車軸正且牢固，才能在崎嶇的路上暢通無阻一般，只有紮根正確，才能讓自己在人生的途中，即使遇到煩事也不至於束手無策，坐不安席。否則，則會使自己不知所措，糊亂放下託付於自性之道理，而隨口說出「無論如何喊叫主人空也無濟於事」的話。所以說，只有正確地中心定下來，才能讓意念的內容被輸入於「此處」；才能按照輸入的內容顯現於現實之中。此意是說，要諸位以堅定不移的信心皈依於自性三寶。

諸位，此種修行，如果動腦筋便能完成該有多好？然而，絕對不是只用思量就能完成的。即使是諸位認為自己已經完全理解了我的意思，但此道理不可能是只用頭腦就能悟清的。諸位若邁不出「實踐之步伐」，不能實地運用此道理，便是徒勞的。那不是「走步」，而是「乱蹦乱跳」而已。是的，如果糊裏糊塗地不知人生從何處來，去往何處；不知現在自己在幹什麼，應該如何去做的話，怎麼能成為氣吞三世與三千大千世界的大自由人呢？出生為人，知道有自己的根本，進而能把一切放回於我的此根本處，心情才能安定，家庭才能穩定，一切不就變得和睦了嗎？

自己的「中心」正確地定下來，整個肉身內的無數「生命體」才能合為一心。只有「根系」牢固，才能結果、成熟；才能自己食之，進而讓眾人享用？且「根系」牢固的話，無論走到哪裡，都會是自己的「座位」，見到誰皆與己無異。即使見到了昆蟲，也會與己無異，牠的痛苦也就成為自己的痛苦。於是自發真正慈悲，每當出入一個意念便充滿智慧，這就是「慧香」。皈依於自性三寶，便自然能修到戒、定、慧，從而能開啟通往「解脫」，「解脫智見香」之路。

佛陀早就說過，五神通並非為「道」。雖然開了千里眼，卻只能視之而不能解難，並非為「道」；開了順風耳，卻只能聞之而不能解難，也並非是「道」。只有解脫出來，能以漏盡之法了達一切，對千難萬險皆能應付自如，達到抽而不少，填而不隆的境地，才能於人於己都有所利。所以，修心者無論如何也要心無旁騖，應向內在追求才是。只滿足於理論，更不足取。只要堅信自己的根，默默地邁步前進，一舉一動都會成為「法」，一思一想都會成為「道」。只有這樣，才能對自身的問題，家庭的問題予以分別處理；進而對世界性的問題，甚至全球性的問題，也能應付自如。

3. 正道之實踐，存乎於信心

人生在世，有時感到喜悅，又有時感到痛苦，如此度過一生。但是不知自己從何處來，又不知往何處去，渾噩中度過一生者不乏其人。稍加思索，實在是荒誕無比。即使人生短暫，但如果連何爲正確的人生都不知而生存的話，豈不豈有此理？六祖慧能大師曾說過：「自性原本清淨；自性原本如如；自性出入一切萬法。」我心中的佛性，從不爲任何事物所束縛，且其佛性不僅具備了一切萬法，更具有自覺地出入萬法之能力。此話也許不易理解，但应该刻骨铭心。

宇宙三千大千世界之根本，正是與我內在的根本直接連在一起的。換言之，天地之本就與我心之本連在一起；太陽之本也就與我心之本連在一起；世上萬物的根本也都從根本與我連在一起。打個比方吧，有一座大的發電站，從此發電，輸到千家萬戶。如果把發電站比作是「宇宙的根本」，家中的電便是「我的根本」。電是同樣的電，且又鋪設了線路，所以互相連在一起。這道理也可以比作電話。所有的電話都是通過電信局連在一起的。

與此同理，諸位「內在的根本處」與宇宙整體連結在一起，不受時間和空間的限制和約束，運轉自如，從內在的根本處出入一切萬法。內在的根本不論走到天涯海角，也不會受到阻礙，

從微物至星空，自由自在地出入，而不會留下絲毫影蹤。這就是六祖慧能大師所講的內在自性之道理。諸位理清此道理，才能知道自己是從哪里來的，又往何處去，且會懂得何爲正確的人生。

首先從「色即是空，空即是色」說起吧。此意也就是說世間萬物，時時刻刻在不固定的驟變中運行著。簡單地說，諸位在日常生活中，不會只被用一種名稱所稱呼，而是被用許多名稱所稱呼。被妻子稱呼「喂」的時候，便是丈夫；被兒女稱呼「爸爸」的時候，又成了父親；被父母稱為「孩子」的時候，又成為兒女。在工作單位，既是上司，又是下屬。前輩、後生、哥哥、弟弟……稱呼也多，角色也多，所以說是不固定的。不僅如此，洞察世間萬種，便可知曉視、聽、往來、飲食……無一是固定的。若有的話，只有每刹那間無休止地運轉這一事實而已。因此，何時的「色」能成為「色」呢？有了什麼固定的稱呼，有了什麼固定的形相，才能說「就是這個！」但並非如此，因此說「無」；但也不是「絕對無」，所以只能表達為「色即空，空即色」。

請諸位這樣想想看，宇宙的根本便是時刻不停的顯現、運轉，我也只能隨之顯現、運轉而已；我與宇宙相互連結不停地顯現、運轉，其根本便是「心」。若是如此，諸位只要明瞭了自己的心，便會知道在自己的內在有著道、有著路，還有著真理。若想僅僅從理論上去認識此道理的話是不行的。即使從理

論上弄通了八萬大藏經，但不能在實際中加以運用的話，佛陀教給我們的正法就失去了意義。諸位如果只空談理論的話，就與爭論「為生而食抑或為食而生」一般無異了。現在自己感到口渴得要命，便飲一杯水緩解當下之急，難道你還能問，是為生而飲？還是為飲而生嗎？同理，佛法是在生活中實踐的首法。如此剎那間能夠實踐之法，便是生活的法，是正法，是中庸。口渴而飲水，還需去追究是何理論嗎？如前所述，像時刻不停旋轉著的螺旋一般不間斷地運轉，怎麼還能沾上粉塵呢？

宇宙的根本與我內在的根本，如同鋪設的電路一般始終是相連相通的，只要一打開開關，便會通電。這便是萬法之理，實在是簡單得不能再簡單了。希望諸位能夠正確理解此道理，培養出自由自在於一切的「圓通能力」。

下面讲个故事吧。過年前，有一位自稱是從紐約來的患者，被人挽扶著來到了這裏，據說患了重病十年有餘仍無法治癒。我說：「您如此瞭解自己的病情，那麼請把病拿出來給我看一下，好讓我幫您想個解決的辦法。」聽了此話，那人忽然悟到了什麼，就回去了。之後來消息說回去的路上疾患痊愈了。關閉了十餘年的開關再打開的瞬間，疾病便無影無蹤了。如此說來，因一個念頭，我們會把自己扔進泥坑裏，同時，憑一個意念，也能把自己從泥坑裏拖出來。因此，運心的道理，無礙的一個念頭是如此的重要。

即使是做了一個凶夢，如果擔心為「像是凶兆，應加小心」的話，一定會發生不祥之事。開創朝鮮王朝的李成桂，一日夢見群鴉亂飛、面鏡破碎、苑花枯謝，門框上稻草人上吊自盡。一想，真是惡夢，因此請了一位解夢高手進行釋夢。其釋夢實在是一篇傑作。解夢高手說群鴉亂飛，面鏡破碎是驚世之兆；苑花枯謝是結果的預兆；稻草人懸掛於此是萬人崇敬（仰視）之象徵。那麼諸位覺得如何呢？

醒時與夢時並不是兩回事。醒時與夢時所遇到的事情，都是由過去的業識所反映出來的。因此，應該懂得的是，所有的一切都是由我播種而萌芽的。換句話說，是過去由我的念頭所造成的，所以現在也能用我的一個意念來改變。我所碰到的事情，並不是由其他原因所造成，而是因我而造成的，所以依然是我的原貌。我為什麼就改變不了我自己的原貌呢？諸位在日常生活中，不是隨自己的意願挑選衣物穿著，挑選食物飲用，並隨個人自己的意願上妝又卸妝的嗎？過去的所為，今日想改就能改。因為所有的一切都是從內在的根本處所輸出，一切都是從此出入的，怎麼會有行與不行，能與不能之事呢？

所以，在一切如此出入之地，即在一心主人空那兒放下而走。此正是實踐之法。但是，由於諸位沒有堅信此理，常常上當。根源於自身的東西，本應該自己征服或予以融化，但卻總以為是從別處來的，無法解決，束手無策。因為我內在的根本與宇

宙的根本是連在一起的，所以我的一個意念能顯現於外，意念
與顯現成為一體出入，便稱之為萬千化身的顯現。諸位如果能
夠真正堅信自性的如如、清淨、自由自在的話，那麼除了「自
性」還能相信誰呢？難道還信蒼天？或是信名號？

有信之後才能實踐，不信則不會有「行」；沒有「行」，就不
能口渴時飲一杯清涼的水。要堅信六祖慧能大師所說的自性有
能力出入萬法的事實，也要堅信自己的根本與宇宙是相連的事
實。若沒有此信奉，那麼不論諸位如何積極地入寺禮拜，也只
會無濟於事。信奉是功德之母。沒有信心就不能悟道，當然也
就無法應用佛法。

4. 斯視斯聽，佛性體現

有人問我，我為什麼只教「用」之理呢？但是在「用」之詞有之前，不論我們發展與否，世界總是在超越時空而運轉。我們也就與宇宙偕行。如此運行、視、聽本身不也就是「用」嗎？除去運動中的生存，還會有什麼呢？所以說，以心治理而去做事便是發展。如果沒有「用的道理」的話，便不會有發展。如果要問我們現在學的是什麼，那就是學「不動之動」的道理。也許諸位知道般若心經中有「色即是空，空即是色」之句，便是此理。諸位現在也在分秒不停地運動著。呼吸，眨眼便是「用」，生存之本身也是「用」。「用」並非其他，時刻不停的驟變就是「用」。因此，如果一一去問所以然，之所以然的話，此道是無論如何也修不成的。

人間的根本，生命之根本，即被稱謂佛性的這一能量，即使覆蓋宇宙也是有餘的。這並不是獨自的能量，是宇宙相連的能量。這能量與世上的一切都相連在一起，彷彿無數個單獨的電燈與發電站相連在一起一般。發電站的電力多姿多樣地被使用，把此說成是「化而顯，顯而轉」。三界的一切都依靠著這能量得到發展。道理就是如此。

因此，人如何才能自由自在地發展等問題，也正是從信奉人的根本，生命的根本開始的。因為一切行為，一切行動都從根本

中產生出來。道理既然如此，還要像問此為何，彼為何一般地去斤斤計較，探個究竟的話，是無法學習「心法」的。所有的一切都是在每剎那間顯現並不停運轉著的，何時去探個究竟？即使要探個究竟，也豈有探詢的時機呢？所以把這顯現，運轉的道理一切合為一體，就是所謂的佛陀的影響或一心。因此說「佛陀」或「一心」，就會無窮盡地去看、聽、顯現，所以「一心」就是佛陀；但是，諸位只「知道」這樣的說法，而沒有親身「體驗」。其實，誰都能夠隨意去顯現，沒有任何困難。

那麼為何不能親身體驗呢？是因為諸位不相信自己，輕視自己的緣故。仿佛已伸出來的豆芽輕視豆種一般。在這兒所說的豆種並非是物質上的豆種，而是指人的根本種子，生命的根本。其根本種子，正如前面所說，是宇宙之根本，普救一切眾生之後也會永生不滅的根本種子。正像如此，佛性並非僅僅是人類的，而是天地間所有眾生的生命之根源，是水、空氣、風等等的生命力。正是廣大、燦爛，體現千萬法相的生命之本。道理雖然如此，但諸位卻以為是「我很軟弱，罪多業重，所以應該乞求、祈福，不論需拜多少次也得拜」，這其實是自己輕視了自己。

諸位體驗自己與宇宙同時顯現之事實，並不是很難的。問題在於諸位帶著如此閉塞的想法，因此根本無法去感受。如此束縛了自己而又想跳躍的話，豈能邁開腳步呢？所以，此道是必須

要修行的。做為萬物之靈，既然來到了此世，就一定要懂得此道理。只有這樣，才能在看、聽、運動的同時，自然得到發展，使一舉一動大放光彩。既然要生存，就不要自己堵住自己的路，過著痛苦愚蠢的人生；而要豁達一些，信奉宇宙的根本與自己的根本無異，所以自己的活動，所有的顯現皆與宇宙的顯現無異。我們不正是應該在這樣真實的信奉基礎上去生活嗎？哪兒有時間斤斤計較用的道理。

如果諸位不相信在自己的內在有自己的根本，就等於屋子裏沒有主人。這就等於不相信自己內在的真主人而奔走於外面一樣。假如說自身為空屋的話，因沒有主人所以別人會隨意出入，並且各種雜蟲成群蠕動，最終便會使得房屋腐爛而坍塌。因此，自己不相信自己內在的「主處」，即「自己的根本」的話，就如空屋一般，毋庸置疑是無法發展的，但若堅信根本的話，就會前途無量。請諸位千萬不要忽視此話。沒有大人的家裡，孩子會隨意淘氣而弄得一團糟。我們的身體裡有無數的「業識」，如果沒有「主人」的話，它們也會會隨意出入，我們的生活，健康都會一塌糊塗。

我們的「業識」會跟隨我們的用心，因此「一個意念」是非常重要的。如果要問最重要的是什麼，那就是我們應該堅信由於我們的一切都通過我們的根本與宇宙相連在一起，所以我們與宇宙的能量是一同運行的這一事實。請想一想，與宇宙相連而運轉，其能量會是多麼無窮呢？所以，佛陀之法不能固定為是

「什麼」，而是能以一個意念，可以隨意處理一切事情，而且在做事時能夠達到「無為之行」。

此種修行是用整個世界也換不來的。說「我一定要為之」而為之者，並非為佛陀之法；而是順其自然地能以無為而為之，才是佛陀之法。諸位會在看、聽、說、吃、排泄時先定了順序而後行嗎？應該是在生活中，順其自然而為之吧？多足的蜈蚣在正常行走時，忽然發現自己的腳很多，便說：「咳，真多呀！這麼多的腳怎麼會不亂套呢？」結果真的亂了套而無法行走。在正常的生活中，原本依舊進行著「用」，一旦想著「用」為何物時，便會感到閉塞不通，覺得「用」是一個很特別的東西。

我每次一有機會便會請諸位要「信而放下」，首先是要堅信自己的根本與宇宙的根本原是一體，是相連在一起的；其次，一切本來就是在放下的狀態下時刻不停地顯現並運行的，因此不執著顯現而放下。諸位如果失去對根本的信心，諸位的心就會頻頻飄遊於外；諸位的心飄遊於外，就會忽視整體都連結在一起並自動運轉之事實，那麼諸位縱使想修行此法也是修行不了的。只是向外崇拜佛陀形相的話，不會遇到「真佛」。令人遺憾的是，在諸位中，對此道理從未思索者不乏其人。我千方百計想讓諸位懂得此理，使諸位在發生任何問題之時，都能夠主動想出解決的對策。這句肺腑之言，我每天都會有幾次難過之

時，如果我能夠替而行之的話，無論幾次都願代行，但此修行
乃是自修自獲之道。

希望諸位在生活中，一定要堅信自己的的根本——主人空，點
亮自己內在的心燈，用一心正確處事，行使真正的「用」。

5. 苦海雖深，有路脫離

諸位也許有所不知，諸位托生於此世之前，都經歷了數億劫光年之歲月，蛻變了無數次形相。自地、水、火、風四大要素形成了生命體以來，以卵生之、以胎產之，或化為其他而托生，或在泥濘中形成，打滾了無數次之後才化到人間，變為了今天此地。在如此漫長的進化過程中，怎麼會沒有化為微生物的時候呢？又怎麼會沒有化為爬行動物或飛行動物之時呢？有時會成為植物，有時會成為蛇，有時又會變成牛。成為人之後，是否就一成不變了呢？也非如此。有時候登上上天世界，有時會落入下天世界。因此，在一起一落的過程中，又該經歷多少艱難與痛苦呢？被刺死、淹死、燒死、咬死……不僅如此，還會因飢餓而哭，因生離死別而斷腸。總之，經受過無法用語言表達的痛苦。

儘管如此，不要忘記，至今所經歷過的所有體驗，習慣及欲望，無一遺漏地根植於現在的軀體和意識之中。在過去的生活中，成為父母、子女的人生；所愛、所恨、離別之痛、飢餓之苦；未能維生而斷送生命；時時所滋生的想法與慾望、善惡等都會依舊留存於「現在的我」之中，彷彿電腦裡面存檔的資料一般。凡儲存的所有東西，一個也沒跑掉，保存於此。說來，那便是因果之規律，此規律毫無偏差，輸入的東西是一定會再出現的。

現在，我們所稱呼「我」的這個身體，這意識世界也都是如此所產生的結果。不僅如此，我所遇到的一切事情，不論是生於內，還是來於外，都是自作自受的。不是他人所就，更不是他人所迫，而是自己播種，自己收穫而已。因為需要諸位元理解和弄懂，才道此言。因為如果諸位不知為何的話，就無法切實入門。

如果觀察我身體之生成，會知道確實是由無數的眾生合而成形的。首先父母的陰陽精血合在一起，隨著因緣形成魂魄，加以永遠的生命，這三者合成一體成為「我」。生成此身之時，隨著因緣無數的眾生也集合在一起。其因緣當然是過去所結下的。如此而形成此身，才會有現在的「我」。因此，現在的「我」是業障之體，是把過去的所行所為都積累而帶出來的。

此業障之體，便是苦之體。何以言此？那是因為從此體中，有時會生病、生苦、生惡；有時會生喜、生善、生愛。但是，諸位會認為愛與善等事是不能稱為苦的。如果愛與善等，能持續到永久的話，自不必多言，但這些東西，因有始而早晚會有終，因此，這也是苦。爱之尽头，难道不是苦吗？

反正自作自受的業障之體中，會接連不斷地出現各種事情而擋住我。那麼，萬事是否都從內部發生呢？並非如此。由於心者沒有形體而無內外之分，且不會受阻，所以從外部也會來。事業不順，他人加害我，發生意外，皆因如此而來。

如此說來，也許諸位會馬上說：「嗨！一切都是命運，是命中所定的。」但是，在這世上沒有固定不變的。所謂過去，不僅僅是前生，今生之剛才也是過去。所以，很久以前所結之緣，也能現在溶解；現在所遇之事，也能立刻溶解。因此，沒有了過去的業障，只有「現在」存在。命運是不存在的。唯有自作自受的因果之法。所留下的只是現在的我如何想，如何生活之問題。

但是，有些人因為肉眼不能看見此道理而不相信。不想知道苦從何來，所以不夠迫切溶解苦，因此僅僅擔憂苦而不想溶解。不努力溶解自己的苦而尋尋覓覓，看是否有能者？看是否有能使人心情舒暢者？四處奔波，求巫拜鬼。但用那樣的方法絕對不可能解決問題。如果這句話有錯，我甘受任何懲罰，即使我身立時成為粉末也好，死後變成蟲子也罷。除了此理之外，在外部任何地方都絕不會有路。佛陀在講苦集滅道「四聖諦」時，不是說過脫離苦海之路，就在於你的內在佛性嗎？如果懂得苦之原因，且能消除該原因的話，那麼苦，四聖諦也就不再存在了。

那麼，業障與苦是如何積累的呢？一句話來講，那是因為有「我」，吝惜自己的生命，捨不得自己的貪心累積而成的。六祖慧能大師曾說過「自性在不動而出入萬法。」這句話就是「色即空，空即色」的意思。我這個生命體，是以「永恆的生命：佛性」為「主杖者」，像風中的風車一樣不停地運轉，所

以無法指定某個固定的瞬間而稱之為「我」。因此，我的根本自性是空。可諸位仍偏說「不是空！」而以為是「固定的色」，因此像「風車」被撕碎一般，在我身上也發生了問題。

能稱為「我」的實體原本並不存在。唯有做為「三合體」，像風車一樣在運轉，發光的本身而已。因此我說諸位：驅除「我」吧！在運轉著的空的道理中，包括「我」，不，連從色的角度看的「我的觀念」也一併放下吧！

我一直對那些想要修行者再三強調，只要信奉主人空，把一切都託付給他。所謂的信奉、託付、放下，都是指拋棄「我」的觀念。例如，「我」的生命，「我」的所有等，與「我」有關的一切想法。但是，讓如此放下而託付，有人以為，我便是我，主人空就是主人空，便以為有「欲託付者」與「受託付者」二者。那便不是信奉、不是放下，也不是託付。真正放下而託付者，是指「我」消失而只以主人空而存在。因此，諸位稱為「我」的那種「色之我」，便向主人空的「空」裡面融化進去。於是就成為「色為空，空為色」的「色即是空，空即是色」。說到此，也許有一些人，已經懂得了「溶解苦」的道理。

簡單來說，錄音帶中錄入了很多內容，才會從那裏放出很多的歌曲。但是，想洗掉已錄入的歌曲，或是想錄其他內容的話，應該怎麼辦呢？重新錄入不就可以了嗎？如此錄入新東西的

話，以前的東西就會馬上被洗掉，而放出最後錄入的新歌曲。
這樣繼續錄入新的內容，就會繼續把以前的內容洗掉。空了再
充滿，空了又充滿的話，不就跟只充滿新水的泉水一樣了嗎？
就是說也可以做成完全空的錄音帶了。

修佛法，就是最終回到空帶的修行。且此修行是佛陀的教誨，
即像四聖諦那樣，能從苦海中脫離出來的修行。全部放下而爲
空；更進一步，連「我」也能放下，依然是空。

由於信奉主人空而託付與之，那麼連「我」也能放下；連
「我」也能放下，那麼因爲苦沒有立足之地，結果「苦」變
得「不是苦」了。因「不是苦」，就不會有苦的「集」與
「滅」，就依然是「道」了。

佛陀的正法，如此分明而堂堂，且無絲毫之偏差。有問題的是
我們，而不是佛法。因此，若是佛門弟子，就不應該歪曲佛
法。

6. 奉自性佛，堂堂人生

因為我們托生為人，才會有各自所見到的世界，才有對方、家庭及國家。同理，諸位只有聽到佛法，才會有思索的機會，才會產生要修行的意願。所以，每個寺院都在認真指導修禪，或是選擇經典逐條進行講解。但是，對一般佛門弟子來講，用經典來學習是太難了，雖學了很長時間，但連門栓也沒摸到者不乏其人。因此，在我們一心禪院指導關於內在世界的門，即為主杖者，引導入門。

諸位不論是誰，都擁有自己的「門」，自己的「佛」。自己的「佛」從自己的「門」出入，以無數的名號行事。因此，我的佛並不只是「一位佛陀」，而是如被稱為某某佛，某某菩薩一樣，其名號眾多，就像人在生活中不只以一種稱謂被人稱呼一般。即在生活中，被稱為父親，或是子女、丈夫、哥哥、弟弟等、人是一個人，但時時刻刻擔任著不同的角色。同理，各自的「一心自性佛」，以一切諸佛菩薩之名號，自由自在於一切萬物眾生，輸入並輸出萬物萬生。

若諸位細觀我們身體便會知道；我們的心通過六孔而出入，運轉而作用，即六根、六識、六境。不是利用眼、耳、鼻、舌、身、意去實現色、聲、味、觸、意識之各種作用嗎？但以上各種作用並不是分開單獨進行，而是以心來相互協調作用的。如

所示物之聲能聞，能聞其聲之物能視，其視與聞並非為二，而是合為一心而為之的。因此，要先瞭解自佛、自己身體的作用、自己的心，就是為一心禪院所指點的修行要點。只有懂得此理，才能知道我們的「心」本是自由自在的道理，同時也才能懂得與眾生以一體展顯，並能領會到歷代祖師之志了。若想從外部瞭解佛法，即使尋求終生也無濟於事；若從自身的內在著手的話，自己會把自己的「門」打開，能與「自佛」相逢。

諸位所說的「我」可比喻成一個行星或一個國度。若比喻成地球的話，「我」的內在的心中便有五大洋、六大洲，像地球上到處都有無數的生命體一般，無數的生命都按照與諸位的緣分連結在一起，引導著諸位的肉身。因此，諸位要知道：在諸位所稱的「我」之中，以大小不同的形相存在著數十億的「我」，它們自生眾生以自佛為中心，接受能量，相互聯繫，成為一體運轉。如此在我門的內在具備一切，自動地互相做五神通。但也並非僅此而已。以四大要素形成的不只是我們的肉體，向外觀望，外面的全部也都是以地、水、火、風四大要素組合在一起的。因此，不論內外，全都是有關聯的。換句話說，四大要素組合在一起，便產生光力、磁力、電力和通訊力，但並非唯此身如此，而是整個內外世界都如此。因此，並不能說我身就能通訊而外部境界卻不能通訊。

我們進化成人，也是以心為本，由通過四大要素組合在一起而轉變無數次的形象而形成的。不論成為何種形相，若不是四大

要素，我們就不會出現。這並非是人與動植物才能如此。即使是這兒的一隻茶杯，如果沒有四大要素，也不會出現。如果是這樣，那麼四大要素（地、水、火、風）之間彼此相通，還能分出內外嗎？也許不信者會更多，但我絕不是憑空胡說的。

就說諸位的家庭吧。各成員隨時充當各種角色，無意中出入意念，家族相互間心領神會，便銘刻在家屬的意識世界之中。但是大家都不知道這些念頭通過四大要素傳播，以萬種形式出入之事實，只被形相，物質所捆住，因此，雖然進行通訊，但頭尾皆無。隨心所欲地去發洩，鬥毆，使其通靈波長失靈而亂了套，以致也不乏破壞了孩子的將來之人。

這樣的家，錢也會逃走的。錢有生命，也有心。所以會說：「這樣的人家，一旦誤入，便會因我而打起來。」因此便不會涉足。既然談起了通靈，我順便再說一說吧。如果自己想著某個對方而心裡說：「瞧您的！」雖然沒有絲毫言行，但對方會心領神會地說：「好吧，我也要看看你能好到哪兒去？」不論動物還是植物，都會領會到我的每個思念，這是因為佛不分你我，而且一切萬物都是通過四大要素而形成的。因此，我曾講過，諸位應該懂得把握住自己的主杖者，供奉好自佛，懂得蕓蕓眾生都經過四大要素通訊而轉變之道理。

但是，因爲諸位一向以「我相」爲中心而生活，所以回避了心中無數的衆生，而且既不相信又不想知道自佛不分內外自由自在出入的道理。

所以，總會我是我、你是你，對每件事都要劃清界線而生活。如此生活，對自己從何處而來又去何方，連猜測都不可能，只能過著枯燥、乏味的生活。

但是，我們這樣想一想：「我是空手來到此世的。空手而來，短暫逗留，仍空手離去，世上萬物，又有何惜？因空身空手往返，所以要以無心的態度而生活。」又「因有我而有了此世；若沒有我，此世何在？對方何在？因此，世上萬事，皆因我而起，並非因他。」

如果諸位都如此理解的話，雖然不知我從何處來，又去何方之道理，但因諸位已經沒有了「我相」，因此能過上富足、堂堂而清新的生活。尤其是不斤斤計較而把一切都託付給自佛而生活，就會過上大丈夫的生活。

有人曾說過，他因有病而去了醫院。大夫說：「您的心臟不好，肝也有問題，還有糖尿，沒有太大的希望了，因此想住院就住院，想吃什麼就吃什麼吧。」聽了此話，起初真的因失望而不住地流淚，而後突然想到「主人空造了此身，致使此身如此痛苦，那麼若要死便快死，若要生就讓其生，隨他的意

吧。」想到此，便出了院。想不到沒過幾天痛苦便無影無蹤了。從此開始能進食，病情也有了好轉，再去醫院檢查時，誰想到大夫竟問：「您還活著？」

如果各位是真正堅信「自根」的人，因爲根本就沒有「我」的觀念，所以請不要擔心會死去。肉身的生死之理，像換穿衣服一般，用完了就扔掉，脫了又會穿，死了又重生。因此，把心脫掉的話，該有多麼得痛快呢？就是說，像那瞬間的想法一般，拋掉一切雜念而生活。本無固定的「我」，所以也不必對「我」執著，因為這樣也能自由自在地生活。希望諸位從以思量而論的「我相」中擺脫出來，堅信自己的根本、自佛、自己的主人空而無憂無慮地去生活。

7. 知之信之，入門正道

即使托生為人，也不能都成為百分之百的「人」。雖然好不容易生而成人，但只有成為百分之百的人方能稱之為「人」。眾所周知，嬰兒出生後，雖稱之為人，但並沒有成為百分之百的成人。同理，我們當中不僅有真正的人，也有尚未成熟的人。

因此，即使悟了道，也是與剛出生的嬰兒無異的。為了弄懂「並非為二」的道理，需要溶解習性；為了溶解習性，又說「我相」需要去「死」。但是光知道又有何用？只知道道理並不能說成了道。不但他人口渴時能助之解渴，而且自己也能喝水才為道。懂得了「並非為二」的道理，也須「並非為二」地顯現此理才是。因此，需要正確地掌握這個道理。在用電腦工作時，若弄錯了一個字，就會連續弄錯很多內容；錯了一個數字，就會影響整個計算的結果。

我所說的道理是生動的活句。我們無論睡著、醒著、坐著、站著都在做著禪修。這是直入之理。世界的變化就是八萬大藏經。雖然八萬大藏經上紀錄了一切道理，但不懂道理的人，只以文字視之，因此無法知道在文字的背後，還有另一個世界。猶如過了東方有世界，過了西方有世界，過了南方又有世界一般，不懂得天外有天，山外有山的道理。所以，如果我們不能正確地進入，就無法通過，也無法入門。只從理論上念經

學習，雖然能夠「知道」存在門的事實，但決不能找到其「非門之門」。若不正確進入的話，由於無法連結因此就找不到那「非門之門」了。

正因有了自己，才有世上的一切，所以應該首先弄懂自己。諸位，每個人都是從自己開始有了一切，若沒有自己，就一切都沒有了。並且正因為有了自己，才會有引導我的根本，即為「舵手」。如此知之而信之，才是正確入門的第一步。

人在現世之本身，便是一心主人空之顯現。我們的念心作用與肉身之運動這一切便是主人空的作用，因此請把一切放回到主人空上。把主人空知之為佛和知之為非佛，請放下這兩個極端吧。因為由主人空過去所累積的東西在現實中遇到，所以才說：「你惹下的事，由你自己解決吧。」誰見過代人受苦，替人死去，代人吃飯呢？受自孽之苦，享自福之樂，所以諸位想要發現自己的佛性而走上正路，就應該把自己的所為歸結到自身的門下才是。

不正是因為我們來到世上，才有這一切嗎？我們來此世所作所為的一切，便是主人空的所作所為。這些都不是別人能代而為之的。每個人，過去是這樣生活，現在不也是如此生活著嗎？這樣的生活，如果在紙張上紀錄，畢竟是有限的，但在心中的電腦中輸入的話，是無限的，而且是自動的。所以，從過去開始，一切都是由自己做的，現在也一樣。因此，不論做對或做

錯，都是由主人空來做的，所以把一切都放回到主人空上。自己來到此世，自己在生活，那麼其生活的一切都屬於自己，還會是別人嗎？因此才叫你把一切都歸結到自己，重新「輸入」。按照自己「輸入」進去的內容，在現實中不斷地顯現，所以把一切放回到原位重新輸入，那麼原來被錄下的東西在被清除的同時，會按照重新輸入的內容在現實中出現。

但是，有人說「即使託付於主人空也無濟於事。」這樣說的人是根本不夠功夫的。生活好壞與否，有無能力等都是各自所為的，就是自己主人空所為的。隨時隨地所遇之事，都出自於主人空之處而並非他人之所為。因此，只有歸結於主人空，才能發現主人空。

我們經過了千萬億劫的歲月，變換了萬千的形相之後才成為人。若想到此，無論何人都會想弄清此道理。到底是「何物」引導我的呢？不僅僅是我，如果宇宙萬物皆是如此，那麼此道理便是什麼呢？

但是，在覺悟之前，用思量是無法推測的。然而完全放下而行之下去，便會有醒悟之時。正因為會有覺醒之時，才叫你們放在於一心主人空的。

如果我們把生死置之度外，那麼便會無所畏懼、不生恐怖，也沒有煩惱與妄想。正因為時常冒出「我」存在著，「我」要生

存等各種問題及習性，才不能很快跨越。修習此道，並非是為了計較自身的利害與得失，也不是為了計較生與死，而是為了弄懂生與死、日與月、男與女、精神與肉體並非為二之道理。

雖然不知諸位的想法如何，但是會按照我們過去的生活內容被輸入進去，以業障的形式存在於我們的體內。從此「業障的皮囊」中，會出來各種「業識」；所出來的業識也會導致我們為善為惡。但是，我心中的「舵手」是會分得清善與惡的。所以，堅持放下於主人空，那麼我身體裡面的自生眾生都會懂得什麼是跟隨「舵手」的。此就是「自己調伏自生眾生」。雖說是調伏或是降伏，實際之意便是與「舵手」成為一體。

如此信奉而放下的話，最終不必說什麼託付或放下，自然會懂得我與主人空成為一體而作用之事實。若悟到此理的話，最終連「那一體」也會消失。即不會有固定的什麼東西。吃、喝、睡、妄想等時時刻刻變化的一切，本來就是一心的作用。

無論如何，對於悟出此理的人來說，宇宙乃至三世都會歸結于一心。所以，心想之事會自然的成為「法」與「行」，就像被錄入到電腦裏的東西，會照原樣輸出一樣，過去、現在、未來都會以我的一心而運轉，所以不會與佛法相抵觸。相抵與否的問題也根本不會存在。因此殺之是法，生之也是法，反正無論怎樣處理，都會成為慈悲的實踐，道理就是如此。

有人問：「人一旦醒悟有何好處？」醒悟並不會給人帶來更高的地位。醒悟是由受約束轉為自由，從無明轉為解放，從而能如實地觀察一切實相，與萬物不以為二地存在。即是返回到原来的光明。

能找到原來的我，就會以自由人而生活；成了自由人，自己便是佛陀；自己的一個意念便成了法，然後按照自己的意念顯現出來。

第 2 章 : 獲得寶山鑰匙之路

1. 何處來? 去何蹤?
   1) 不知我是誰
   2) 曆盡曲折,托生為人
   3) 卸脫舊衣,改換新裝
   4) 進化創造,契機是誰

2. 人人都能成佛
   1) 心即本是佛,緣何自以為眾生
   2) 要發大貪心
   3) 拯救之道,在於修行
   4) 扮演人之角色

3. 所通之路唯有心
   1) 一切都是心靈的顯現
   2) 心因無體,跨過門檻便是宇宙
   3) 只有心通心
   4) 寶山之鑰此中尋
   5) 邁向喜悅與平安
   6) 寂滅我相,萌被心修
   7) 心為萬法出入之門

4. 豎起心靈的天線
   1) 一個意念便為法
   2) 能通四大

1. 何處來？去何蹤？

1) 不知我是誰

我是誰呢？從何處來，又將往何方？我們所固執地稱爲「我」的我又是什麼呢？也許諸位中有人會說，「我就是我，還能是什麼呢？」也有人會說，「我是由父母之精血合成的，死了便罷。」但是，果真如此嗎？如果我們弄不懂此理，那麼便無法瞭解何爲生命，更無法懂得萬物來到此世後，又消聲匿迹之道理。

如果說，「我就是我，又會是什麼？」這「我」是指血肉之軀呢？還是指「心」之我呢？既不能說唯「軀體」是我，也不能說只有「心」是我。即使把軀體與精神合成之物稱爲「我」的話，那麼使我們能夠堂堂正正地生存，使我們能夠視聽，運動，思考的能量又稱之爲何物呢？又說，「死了便罷」，那麼爲何「有」的東西又會變成「無」呢？雖然肉體四散而回至四大，但精神卻又去向何方了呢？

如果說我們沒有心，又沒有心的活動，那麼便與枯木無異；沒有軀體的話，便談不到生存；沒有精神之根本的話，同樣談不到生存。所以，最要緊的是先懂得我是誰？到底我是什麼？

因為不知自己是從何處來的，也不知自己是誰，所以無法知道人生之真諦。甚至於不知道這「我軀體」的真面目，因此就更談不上看不見的「我心之作用」了。

一切都是由我開始的。由於有我，才有宇宙。如果沒有我，那麼對方是誰？宇宙又會是什麼呢？所以說，應該先瞭解我自己。瞭解了自己，才會瞭解三千大千世界。懂了我便是三千大千世界並三千大千世界是我之後，就不必談懂了什麼。但如果把我看成「我」，把對方看成為「對方」，那麼就算是活了一輩子也不會懂得「真正的我」。

由於我來到此世，才會有了對方，世界也才會展現萬千形象。如果我沒有生在此世，那還會有什麼呢？什麼都不會有。因為我生在此世，才有了艱難、有了驕傲、有了喜悅。總的來講，此世上的一切都是由我開始的，並因我而發生。所以說，我就是一切的中心。因此只有先瞭解一切的中心──自己，才能瞭解對方，進而瞭解世界。難道不是嗎？

瞭解了我的根本，就等於瞭解宇宙。我的變化便是宇宙之變化。我以外的任何變化，都不能稱之為真正的變化；我以外的任何中心，都不是真正的中心。我就是通往一切的鑰匙。

您認爲能夠使我生存的根本是什麼呢？即是能使我視、聞、說、動、觸之本。並且您認爲能使一切萬物衆生運轉的根本又是什麼呢？

舉個例子，假設新造了一台好的機器，試問誰能正確地操作此機器呢？當然是製造者了。同理，假如有形成我們的根本，那麼此根本才是最瞭解我們，最能夠引導我們的東西。

建了房屋而入住者是誰？買了汽車而駕駛的人又是誰？不是房屋使我生存；也不是汽車使我運動。因此，不要只看到肉身之軀體，「我」之外相，而應該先發現真正的主人。

我的生活只有自己最清楚，並非是別人。自身的疼痛、貧窮，只有自己最瞭解。孤獨、痛苦、喜悅、骯髒、乾淨、大小等一切，只有自己清楚。多彩多姿的生活及其內容，我的根本早已掌握。我的根本知道就宇宙的三千大千世界也自然明白了。所以說，每個人都應該先瞭解自己。也就是說，應該先從自己的家開始安裝「電話」。

要建三的層樓房，若不建第一層，而先從二、三層開始建起的話，怎麼可能呢？同樣道理，連自己是誰都不知道，卻要瞭解世上萬事萬物，便是癡心妄想了。不知道自己的根本是誰，不僅無法瞭解自己身體內的每個生命，而且更不可能好好地治理它們。世上的萬事萬物都是同樣的道理。

誰都說：「我就是我的主人。」但那樣的我並不是我的主人，是手下、是差役。真正的主人是能夠掌管體內所有生命之意識，並且在掌管中能使之運行的「根本之處」。我們可以把此稱之爲「根」、「舵手」，也可以稱之爲「真我」。

2) 曆盡曲折，托生爲人

如果我們又回到億劫以前，度過了刹那間的生死難關，有時爲蟲魚，有時爲鳥獸，歷經追追趕趕的考驗。人便是如此生成，其中不僅有剛從獸類進化成的人，也不乏重復地托生爲人。如此說來，這期間我們算是接受了有關各種生命的教育。如果沒有這一過程的考驗與苦難，那麼我們就不可能進化爲人。現在，我們以人的軀體來到了此世。之所以說在這輩子應該瞭解自己，是因爲這樣才能提升我們的層次。

雖然在過去已歷經過無數次的脫胎換骨，卻不知道自己的過去，而以爲「現在的我」就是「我的全部」。如果那樣的話，只會忙碌于去應付眼前的事，而不能顧及在此生存期間，什麼是人應做的，以及應如何去做的道理。

只要托生爲人，便認爲是萬事大吉了。豈知，人可托生爲鳥兔；相反，鳥亦可托生爲人，馬也可以托生爲爲人。沈淪與提升如此相互交替，但關鍵還是在於心的運用之上。

變化的層次，也多得千相萬貌，多得無法一一說明，但所有的生命體，都是由下天世界向中天世界；或是由上天世界向中天世界交替托生的。

從沒有人不能托生爲獸之法，也沒有獸不可托生爲人之理。好比運轉著的車輪一般，按照各自的層次自動運轉。如果我們修了心法，能脫離這車輪般轉之又轉的生活，而變得自由自在，那可真是等於獲得了千金難求的寶貝了。

不要認爲是偶然錯生於世。一隻蛙、一隻鳥，即使是一隻昆蟲也絕不是無緣由地降臨到此世，這都是因爲有了緣由才會來到此世的。

人是從過去的微生物開始，經歷了無數的歲月，經過自覺地拼搏與努力，然後在不斷進化的過程中才逐漸變成人類的。因此，何以能說錯投此生，或是過著本不願意過的人生呢？既然降臨在人間世上，可貴之處便在於瞭解爲何托生爲人。如果不知此理而生存的話，不僅是浪費人生，更是浪費了能成爲自由人的絕好機會。

常有人說「死了便罷了」，但事情絕非這樣簡單。如果是只能活此一季的人生，那麼活著的期間可以爲所欲爲，即便是軀體不存在了，也並非是就此終結。仿佛脫去舊衣，換上新裳一般，是會重新繼續的。換個比喻，就好象是到了冬季，雖說落

葉仿佛死去，但樹根卻沒有死，到了春天又會長出新芽一樣，一切萬物都如此，即便是天上的星星也是如此。也許會有壽命的長短，但不會有完全的終結。因此，再不要提起「死了便罷了」。

請看那只蟲子吧。蛻了殼，做了繭以後，不就化成蝶飛走了嗎？如此蛻變了幾次，是努力蛻變，對他來講這便是修道。人死去也只不過是在改換形相，而不是死亡。因此生存的期間，便是準備下一輩子更上一層樓的發展時間。那就是生存的原动力。

3) 卸脫舊衣，改換新裝

我們越老便會變得越年輕。所謂的老，從另一個角度來看，就是要變得年輕的一個過程。因爲死本身就是一種新的開始。但是由於諸位不懂得此理，才畏懼死亡。雖然肉體死去，但我的根本不會消失。死後我們的肉身分散爲四大要素，但我們的根本會隨著姻緣重新形成新的肉體。如同脫去舊衣，換上新裝一般。

脫去舊衣而換穿「新裝」時，會存在換穿何種新衣的問題，即，是換上獸的衣服還是換上人的衣服。衣服會有無數種，但換上何種衣服，卻取決於自己生存的內容。現在如獸般生活，

便會蛻成獸；懷著毒蛇之心生活，也就必然會披上毒蛇之皮。根據我們如何去想、如何去行、如何去說、自然會穿上貓服或狗衣。但是，尤其使人不可思議的是，「人」的意識卻不會消失。假若以貓、狗、豬、牛、兔、昆蟲等的形相托生於世，那又該是何等的地獄呢？穿上什麼衣服，就會享受什麼待遇。進入毒蛇之窟而成為毒蛇的話，也只能給予毒蛇之待遇了。

如果在未知心道而死去，便會有許多令人惋惜之事。蛻去肉身的話，只會剩下生前的「識」，因其「識」的眼，耳被生前之貪心所遮蓋，所以便無法辨明事物。因此，會把獸窟誤視為高堂，而毫無顧忌地進入。

今生我們所生存的形相，也都與過去如何生存相關。是根據今生如何生存，來決定來生的。因此，既然充當了人的角色，那麼應該忠於己任，多行善事，然後努力體會心靈的道理。即使不富足，也應該盡最大的努力去生活。

我曾經生活的形象若黃金，那麼就會托生在金店；若像鐵，就會托生在五金行；若像舊衣，那麼就會托生在舊衣攤子上。不論是誰，出現於此世的形象，皆是如此。此為何理？那是因為自己用惡，善所積之因緣，統統囤積於體內，會不失時機地表露出來。這好比善射箭者成為射手，善騎馬者會成為騎師一樣。種豆得豆、種瓜得瓜，是天經地義的。要正視自己在想什麼、在做什麼、在說什麼。有一個故事，有人因為說錯了一句

話，而五百輩子無法免去狐狸之貌。因一念之差、一言之錯，也會落入動物界中。因此我們能懂得如何生存才有意義；如何生活才會使精神界與物質界統一而不偏不倚；如何自由自在地脫離無明才是重要的。只要懂得了此理，才能使自己脫離無明，也能幫助別人脫離無明。

4) 進化創造，契機是誰

我們在經歷億劫的過程中，轉而又轉，焉能未曾經歷何種形相？催人淚下，可憐無比之事如恒河沙數。如果清楚往事的話，也許會過於痛心而無法續言。所以再也不要繼續過著辛酸的生活，而要從現在開始，改變自身的層次才是。

那些生物也在逐層升級，如今也在修行著，只是無法知曉而已。人也是如此，在不知不覺中修行著。並不是過去曾成爲佛陀才懂得現在的生活而修行。雖然不知何爲修行，但不也走到了今天的地步。

我們的肉身只是四大元素反復凝聚和分散的過程而已。一個生命體是生命體的根本——即是佛性和四大元素結合起來的。由於我們不懂此理，不管以什麼樣的形象托生，都把生、老、病、死視爲苦，因而只能反復地經歷下去。尤如在考試中落榜

而需再次挑戰的學生一樣。因此建議各位在周而復始的岐路上，要悟到真我是誰，這一切的主體是什麼。因為只有知道了自己的根本才是脫離輪回世界邁向前進的第一步。

認為就這樣生活即可，還要修什麼心法或佛法者，不乏其人。越是這樣的人，越是會說死了便罷了。如果說我們一死便罷了的話，世界就不會有托生，即使出生，所出生的一切也都會消亡，因此世界遲早也會有所盡頭。

不是在說此岸彼岸嗎？如果不能脫離此岸之世界的話，即使有意願也無法如意地生活。想說的話也不能盡情地說；想長壽也不能如願。所以，如此人生，如囚犯在監獄一般。跟囚犯在「無鐵窗的監獄」無異。首先，活動上沒有自由，而且因為看不到外界，所以也就無法知道自己在哪兒，該往何處去。這是多麼鬱悶呢？所以說，要通過心靈的發展，飄揚著自由人的精神去生活。

我們在沒有弄懂進化之道理下活著。認為只要生存就行了，但要知道我們的「一個意念」即可成為進化之動力。

進化與創造都是「心靈」的顯現。也就是說一切都會隨著生前的心願所轉變。如果希望自己的相貌與能力變得更好一些，就會按照自己「念心」的層次，改造相貌和才能而出生，此便是

進化。如果心中有了願望，並且以心設計後向外顯現，那便是創造。因此可以說世上的一切是創造性進化，也可以說是進化性創造。

雖然托生爲人，但只不過是在輪迴的世界裏，應該蛻去「動物」之軀；即使出生在天上世界，但由於那同樣是因果報應之結果，所以也應該脫離。

人的精神與物質是如同佛珠一般串在一起的。然而，不顧精神界而被物質界所牽引，只貪戀於吃喝者太多。但是，進化到人類程度的我們，應該好好想一想，我們是從何而來，去往何處？ 我又到底是誰呢？

也許有些人只滿足於現狀，認爲像我一樣努力，跟我一樣生活很好的人並不多。但是，作爲一個人，誰都應該爲提高自身的層次而努力。就是說應該要做心靈的修行。

如此短暫的人生，豈能惰于心之修行呢？如同一季之人生，若不修行，難道來世還要去受苦嗎？今生應該熔化業障，獲得「海印」，取得心靈的鑰匙。

2. 人人都能成佛

1) 心即本是佛，緣何自以爲衆生

所有的生命體都具有佛性。既然托生爲人，能成爲佛陀的可能性就是百分之九十九。然而，之所以成不了佛，是因爲人的「我相」還讓人停留在衆生。也就是說，心中充滿「我相」與「三毒之心[16]」。因此，雖然已是佛，但不能想佛之所想。

不論是誰，我們都生而具有佛性。但因被無明遮蓋連自己具有佛性之事實也不知道。我們應該相信誰都具有佛性，因此自己原本就是佛的事實。也只有這樣，才能修行。所以到驅逐無明使自性佛顯現爲止，則應該修行。

我們的本性猶如晴空萬裏，只要拂雲，就會露出原貌。但是，由於回避「一切歸於一心」之事實，聚集「唯我」的心中黑雲，所以天空就變得灰暗。灰色天空的後面，太陽依舊閃閃發光，天空依舊會晴朗婉藍。

我們在現實生活中，雖然受盡饑苦，貧窮落後，但是我們的「自性」，正是由於原來就光明清淨純正無暇才不被污染。我

---

16 **三毒之心**: 是指貪心、憤怒、 愚鈍。

們雖然能力不足，並不自由且一無所有，但是，我們應該知道並相信我們的自性本來就具有無限的能力與力量。

2) 要發大貪心

我們不論是誰，都在經歷億劫的過程中被對方吃掉，或吃掉對方而至今日。其生存，不知道有多麼的不易和淒慘。這的確是辛酸的生活。然而，如今的世界，吃掉或被吃掉的不是肉體，而是精神。若說辛酸，現在與過去絲毫無異。

動物是在明處相互殘殺食，而人類卻是在暗處彼此爭鬥，相互吞噬精神。其爭鬥過於激烈，悲慘，簡直是達到了慘不忍睹的地步。每個人，如若能夠寬容對方，慈悲為懷地去生活，自然也能夠豐衣足食。然而卻要以如此激烈地方式去爭鬥，的確是一件令人痛心之事。佛法因為是廣大無邊之妙法，所以不用如此爭鬥也能幸福地去生活。人的一生或長或短，但若以這種爭鬥的方式度過的話，又豈能稱之為人生呢？

眾生的生存，尤如在戰場上一般。不僅物質方面如此，在精神方面也同樣是相互爭鬥、據為己有、爭與被奪。這是因為雙方都過於執著，過於貪婪所至。既然充滿貪心，那麼就乾脆萌發一個吞掉整個宇宙的貪心如何？既然貪圖終的話，就不要貪虛妄的、貪永遠的如何？說人是萬物之靈，是指人原本具有無限

的能力，具有能隨心所欲出入一切萬法之能力，具備一切材料及手段，並且如如而清淨。我們托生爲所謂的萬物之靈長，結果卻像井底之蛙一般，萌生令人不屑一顧之貪心，該是多麼荒誕啊？

每個人都希望自己獲得利益，得到幸福。所以有利之處，群人必聚；若感到對己不利，就會逃之夭夭。但是，眾生所貪之利，也不過是要填眼前之利而已。也就是說，不是真正的利益。當然，誰也並沒有因此而不讓你去追求利益。應該去賺錢，應該去提升，也可以去求愛……並不是不讓你去做，只不過是要你不要過於執著而已。爲何？那是因爲如此之利益，並不是真正的利益，而在其利益的背後，潛藏著更大的苦難。沒有什麼比難以脫離生死輪回之框框更爲不利之事。因此，既然要追求利益，那麼就要去求殊勝的利益——只有拋棄世俗之欲求才能得到的領悟。

3) 拯救之道，在於修行

在世上生存著各種類型的人，做著不同的事。出生的故鄉，生活的環境、學歷、個性、年齡等也不盡相同。這樣看來，世上的所有人都各不相同，但是在佛法上卻沒有任何差別。佛法就像太陽與空氣一樣，不論學歷、身份高低、貧富、權勢大小，毫無關係皆爲平等。佛法不是被某個特定階層所有，而是歸一

切衆生所有。只要有一個，就是一顆心。入佛法真理之海，唯一片誠心足矣。

世上沒有無心之人。所以，人人都能遇到佛法，人人都能成佛。這是多麼令人興奮又可貴的消息啊？

修行佛法，不是犧牲之修行。不是要求自我犧牲的修行，而是完成自我的修行。佛法是救我之修行，是救我、救他、救一切之修行。

若是爲了托生於天國，爲了下一世托生得更好，或者僅僅是爲了不至於落入畜生之道而信奉佛法的話，還不如從一開始就不信爲好。修行佛法，是一種不懼地獄，畜生；也不羨慕天國的明心之修行。

修行佛法，不是爲了以後能得到什麼，達到什麼。佛教，永遠是今天的修行，就是於「現在」，在「這裏」，發現「本來之我」的修行。所以說，以「修行是否順利？聽說誰遇見到了什麼，而我爲何如此遲鈍？」等加以相互比較，是與修行佛法根本無關的。

4) 扮演人之角色

由於人人都具有佛性，所以早晚都會發芽。但是，如果現在就失去托生爲人的機會，那麼就不知以後何時會再有這樣的機會了。因此，我做爲各位的道伴，介紹直入之道：「深信主人空而放下一切。」如果失足而落空，就會謬以千里；只顧眼前之事，更會延誤時機而不知何時才能發芽。

不要覺得爲時已晚。就算從現在起，也要懷著對一切的感恩之心，趁現在身軀尚在之時抓緊修行。因有此體，才有對方；因有了對方，才能修行；如果沒有軀體，就無法出生，那麼就沒有對方；如果沒有軀體，就不會有接觸與衝突，更不會有所見聞，所以也就無法修行。因此，在有生之年，不要把精力浪費在其他方面，而應該懷著在這輩子一定要脫離苦海之決心而用功。彼岸之世界，正是毫無束縛的自由世界。

要觀賞電視劇必須要有電視機。並且即使空中充滿了電波，也要有了接受器才能夠收聽。同理，要成佛，需要有肉身。所以才說，要趁有此肉身之時去修行，重新回到母親的子宮裏，進入自身肉體內去驗證一下。說是體內、子宮，可千萬不要理解爲五臟六腑，而是指要去弄清能驅使肉體的「根本之處」。

所以不要分熱飯、冷飯，趁有肉身之時，像登了台的演員一般，過一種完成任務的生活。請看演員的演技吧。不論扮演任

何卑鄙的角色，也都認真地去演。那是因爲這只是「角色」而已，一旦拍攝完畢，其「角色」也就隨之終結。上了台的演員若因不滿，在沒有演完自己角色的情況下就下臺的話，下一個角色就無從談起，我們的人生也是如此。人人都在接受一種角色，並在演完後一走了之。首先，不論扮演什麼角色，即不論扮演皇帝或是乞丐，都不要拒絕或畏懼，努力去演。爲什麼呢？那是因爲並不是讓你世世代代作爲乞丐以行乞爲生，只是讓你短暫地去扮演一下乞丐而已。再者，諸位在人生中所扮演的角色，也不是強加於你的，而是按照你自己如何行事而自然賜予的。所以說，應盡自己的義務。應盡自己的義務是指不論自己的角色有多麼艱難，也不要回避或對它產生恐懼，而是勇敢地接受下來，認真地去生活。如果這樣做了，哪怕是短短的瞬間，諸位的角色也會發生很大的變化。

3. 所通之路唯有心

1) 一切都是心靈的顯現

第一是心，第二也是心。所通之路除了心靈別無他物。與佛陀相通之路，只有內在這一條通道——心靈。因此不必在外面尋找，而應向內在去搜尋「心靈」。

一切都在於心。生存、死亡、信心、時間與空間也都在於心。所以真理的道應該從心中尋找。只有對自己的根本心禮拜，把一切重播到自己的根本心上，才算得是真正的修行之道、信奉之路、懺悔之路、回向之路、進化之路、涅盤之路。

如果把佛陀的八萬四千經文概括起來的話，也可歸納成一字曰「心」。真理，以心傳心而不立文字。真理是如此的。真理並不在於學術和複雜的理論上，而是在於「心」中。所以若能點明這一顆「心」的話，自然會知道宇宙的森羅萬象本來就是「一體」的事實，而且能將其都掌握在我自己的手中。

雖然太陽的能量那麼巨大，宇宙也是如此廣大，但也不如小小的我「心」。我心中的光是什麼也無法阻擋的，我心中的力量也是什麼都無法戰勝的。不論是什麼神，即使釋迦牟尼在世，也無法破壞我的根本心。

物質與精神，並非爲二。一般人都認爲物質與精神是兩個概念，但實際上物質世界不過是精神世界的顯現而已。進一步來講，物質世界也好，精神世界也罷，都不過是佛性的顯現而已。

心中的瓢，反過來可覆蓋一切，正過來又能盛下一切。心靈便是一切之根本，宇宙三千大千世界的山珍海味，都在其中。

2) 心因無體，跨過門檻便是宇宙

因心本無體，所以不受時間、空間的約束，也不會增減。像無窮的寶庫，像如何耗用也不會減少的無限的能量寶庫一樣。因此，憑一個意念，就可以取之不盡、用之不竭、顯現自如。

如果懂得心的本質，就會明白心不會被阻擋或遠不能及。只以一個意念，就能穿牆、越嶺、跨江。無舟而不能過江，畏焚而不能踏火之事是不會存在的。所以哪兒有需跨越與否之地？又焉存在能過與否之事？

應以「無足之足」去奔，應以「無手之手」去做。雖然用肉體之足去跳，也不過是一步之遙，但「真我」卻能在瞬間就跨越大海、太陽系、銀河系。宇宙成了一個村莊，不，在我的一步之內。我「心的主人」就能做到。

門外與宇宙，對心來說其距離是沒有遠近的。光線在照射中也會中斷，但心不會。諸位元應該懂得心靈的速度不僅快比光速，而且不論是在水中、土中；不論是高、是低，都能夠做到「無往來之往來」。

越嶺，跨海是剎那間的事，過門檻同樣是剎那間的事。人間與黃泉也是能在剎那間出入的。從心的道理來講，生界與死界並不是分開存在的。

諸位出門在外，但可回家探訪。大家知道即使我們不動肉身，如果稍一閉目，眼前就會浮現家中各個角落的景象。但是，由於還沒睜開心靈之目，還沒有開啟心靈之耳，所以無法看得詳細，無法聽得仔細。現在返家歸來，既不能說成是回去，也不能說成是回來，猶如剎那間閉上了眼便能知曉一樣，只要「心眼」一旦睜開，就會與宇宙一同知曉一切。

3) 只有心通心

賞花之時，也會以心傳心。假如賞月時望花而問：「哎！你為什麼只在夜裏開放，白天卻含苞呢？」，則必然是會有答復的。其以心傳心，不僅是個秘密之行，而且是一種微妙而廣大無邊之法。因此，所謂的以心傳心之理，只能是由自己去體

驗，自己去感受。我們的根本心可以以千萬形相化身成佛而顯現，感應三界衆生。賞花時的以心傳心，也是符合此理的。

如同美國人說美國話，日本人說日本話，韓國人說韓國話一樣，所有的衆生都有各自的語言，用此語言互相交流，相互傳遞資訊。並不是不能言語。但其中值得注意的是什麼呢？那便是在無言之中以心傳心，相互傳遞情感的道理。此便是精神界的中庸之真理。

製造一台機器時，由於創造者的「心」包含在其中，所以機器也是有生命的。即使豎一塊路標，也由於有豎起之人，所以立標者的心與路標是同在的。再者，衆多人在來往中，看著路標所想的東西都被映在路標上，所以人們也會給路標起個名字，而稱之爲神來拜一拜。

4) 寶山之鑰此中尋

衆生生存的這個世界是座沒有鐵窗的監獄，心法便是脫離此獄的修行。

「心修的話，在現實生活中，會有何益？」問者不乏其人。此修行，並不是爲了在現實生活中得到什麼利益，也不是爲了獲得「神通力」。修此行，正如釋迦牟尼所言，是爲了脫離苦海

成爲自由人。此修行是要通達看得見與看不見的世界。也就是說，不是一半的修行，而是完整的修行，是百分之百的修行。雖然在此修行中，會自行開竅，滋生與衆不同的智慧，也會産生自在的權能，但是大自由人是連這些智慧與全能都可以超越的。

自己家中堆滿了寶貝，還要到哪里去尋求寶貝呢？自己的佛性——那條根便是寶庫。

若想親眼目睹滿倉的寶貝，需要用鑰匙去打開倉庫之門。但是，有關寶貝倉庫的故事聽了不少，若不知開倉庫的鑰匙在哪兒，又有何用？心修便是爲獲取此鑰匙而進行的修煉。

如果讓你選擇世上的寶物或心靈寶貝的話，你該選擇哪個呢？或許選擇世上寶物之人會不計其數。但這種富貴只是一時的，短暫的。物欲大的人，只能擁有一時的富貴便結束此生。過了一時，那一切都會消失，連肉身都會消失，卻爲何選擇一時的呢？又爲何不去選擇永遠不會饑餓，永遠能夠享用，永遠能夠賜予，永遠能夠擁有，永遠能夠自由的道路呢？爲什麼要選擇只能一時吃好，過好便了的東西呢？

5) 邁向喜悅與平安

所謂的修行，就是要把自己狹窄的心胸修煉得大度一些，把一味地向上攀高之心，調理爲謙虛之心；打破心中之壁，使其成爲那平原般的平等之心。像大海雖容納了所有江水，但還是既寬且深，把自己的心靈修煉成這大海一般的過程，便是心修。

心修之路是喜悅與幸福之路。是能使苦變甘，能使煩惱熔化之修行。

所謂的心修，是要抖掉我相，我執等陳舊的固定觀念，即「我」當死去。也就是說，逐漸拆去「我相」之牆壁，往內面容納客觀物件而使主客成爲一體，從而與我的對立面，與所有的人甚至所有的生靈融爲一體，真正成爲一個平等的整體。

如果不懂此理，那麼便如同井底之蛙，連池之道理都不能懂得，那麼于大海之理就更是無從知曉。也就更無法弄懂人間的心靈是多麼得可敬可畏，多麼得廣大了。

失去父母的孤兒們，該有多麼可憐哪！如果我們不懂得心靈的道理，人生之路就會與失去父母的孩童無異。

現在的這形相與這層次都是瞬間的。有誰規定讓你永遠如此了嗎？是誰規定只能如此生存了嗎？天下的一切事和物都不是一

成不變的。雖然諸位現在貧窮、艱難，但只要懂得了心靈之道理而修行的話，就能脫胎換骨、一鳴驚人。

6) 寂滅我相，萌被心修

心修是除去「我相」的修行。如此「我相」死去，才能知道「我」究竟是誰，所以說心修是發現「真我」的修煉。發現了「真我」，才能懂得你我並非為二，因此此修行是我與你共同「死去」的修行。但是，並不是以死去的修行而告終，而是因為懂得了萬法重新從一個原處在顯現出來的道理，所以是拋棄了「我」，並獲得「一切」的修行。

所謂的「死去」，是指「我相」的死去，而不是指肉體之死。所以即使死去十次又有何妨？身體反而會變得更健康，更長壽，疾患與災難也會隨之消失。江中之冰，至春消融，理所當然。

只有「死去」之後，才能覺悟。說起死去，切莫認為是肉體之死去。只有讓固定的思想，固定的觀念死去，才能穿破「一張白紙」，才能打破銅牆鐵壁。此便是出入無門之門。固定的觀念若不死去就不會有變化，覺悟則更是無從談起。死也不只一次，而是需要死而又死，只有這樣才能夠走入「如來之位」。

讓你洞穿銅牆鐵壁，如果說是自然界的銅牆鐵壁的話，可以像鑿隧道一樣去試一試，但這是心中的銅牆鐵壁，如果不知其道理，是無法下手的。實際上它不是銅牆鐵壁，只是一張白紙。然而即便是一張白紙，也不易穿破，絕不遜色於銅牆鐵壁。

過去生的意識（父）與現在生的意識（子），需要以心相逢，然而由於逾越不了一張紙之距而永遠無法相逢之現象，真可謂比比皆是。這是因為，兒子不相信隔著窗紙的另一邊站著父親的事實，而一味地只想向外走。

也許各位會輕視一張白紙，殊不知捅破一張紙之不易。難就難在捅破一張紙，如果能夠捅破那一張紙的話，其他的「關門」也就容易突破了。我心中的一張白紙，就是一道銅牆鐵壁。

修行之目的並不在於為了獲取什麼。此修行不是為獲取喜悅與幸福的修行。喜悅與幸福是在修行的過程中自然而然地來的。心修只是一修再修我的心而已。

7) 心為萬法出入之門

從心可以發出萬法，也可收回萬法。人人都具備這種能力。所以，惡用其心一次，就會因此而播下無數被污染的種子。反

之，善用其心的話，能夠在無形之中出入，並挽救自己和他人之痛苦。

在心中的根本處是沒有你我之分的。一切萬物眾生都是一體，一心的。相互間也都是暢通無阻，來去自如的。如果在我心中的根本處產生了一個念頭，就會因一體而照此相傳。所以，如果遇到什麼境界（情境），就放下什麼境界的話，即使患了病，也會因萬物相應而痊愈。

舉個例子，一家公司就算有數萬名員工，大家也都會有條不紊地服從老闆果斷的決定。同樣的，我們肉身裏面的細胞，也聽從從根本心發出的一個意念。我們體內的細胞，都因有各自的任務而發揮各自的作用，難道這是不需要一種決定性的裁決，就能夠統一行動的嗎？如果裏面出現了故障，就向內部發揮作用；如果外面的事情出現了問題，心靈就會以「無出入而出入」來進行調節。之所以能夠這樣，就是因爲一切萬法，都是在根本一心之中的事。

心靈的能源庫只有一處，但引而用之的法卻各有不同。隨著不同的用心，可取之不盡、用之不竭地靈活運用。然而，人們卻因舊習而說自己不能如願以償。

引水庫之水而用之，並非已預先決定了歸何人所用或用在何處。根據不同的需要，可作爲農業用水、生活用水，也可作爲

工業用水。心法的用途也是如此千差萬別。大用小用，用大用小，無窮無盡地去廣泛使用，就在於你如何去運用了。況且心中的寶庫是取之不盡、用之不竭的。

比如做飯時，做何種飯及做多少是可以隨意的。我們每個人都具備這種能力，也具有這種能量。但是，許多人雖然明明會做各種飯菜，卻說不會用心，這應該是信心不足的緣故。

心靈深處，珍藏著所有的力量。雖說是什麼五神通或是神通力，但這一切都藏在我們內面的心靈深處。因此，不論什麼樣的問題，都應該在心靈之內解決，也一定能夠解決。所謂的心靈，的確是深奧的。既具有廣大無邊之力，又儲藏著我們的業與苦。

在堅信心靈為寶，正確用心之時，才能夠感覺到此力量的奧妙。在生活中，只有親身體驗，才能夠懂得心靈的確是妙法。但是這如珍寶般的心，有人卻不能用於正途，而像毒蛇一般加以用之，這該有多麼得遺憾呢？切勿忘記，其因果報應是無絲毫偏差的。

心地光明的話，於內能夠金光燦爛，使體內的所有自生眾生都因充滿光輝而變得圓滿；但如果心地黑暗，就會如同千年的山洞一般，使自生眾生因不能免去黑暗而無法自由地生存。如

此一來，肝工廠、胃工廠、肺工廠、心臟工廠等所有的內臟器官，都會因爲斷了電源而無法正常運轉，間或還會出現罷工而使整體受到威脅。

沒有因現在貧窮而以後也不能變得富有之道，這也是取決於自己的。如果現在精神貧窮，那麼一切都會變得貧窮，如果精神富有，就會變得富有。一切都在於心上。用心去塑造，以心去接受。

地獄與天堂，同在於我們運心生活之處。托生於世是「業識」作用的結果；把此人生規定爲苦，也是「業識」之所爲。所以說我們生活的此世界，成爲地獄還是成爲天堂，都取決在人的用心上。

地有法網，空中有法網，行星、宇宙有法網，人間也同樣有法網。法網是相互連結，又互通資訊的。是以心來相互傳遞資訊的。

我們每個人的根本心是直接與宇宙的根本連爲一體的，所以不存在用心無法傳遞的東西，並且一切言行，都在宇宙法界一一被記錄。

我心知之者，佛陀知之；佛陀知之者，乃全體皆知也。我的想法、行爲，一個個的用心皆如此，絕非是隨意所爲之事也。

4. 豎起心靈的天線

1) 一個意念便爲法

無「我相」之念、無住相之念，時刻保持謙虛、正直、真誠之
念，如果是這種念頭的話，那麼永久的生命之能量就會始終
相伴。所以，一個念頭也照樣會成爲法、成爲佛陀。有時也會
成爲觀世音菩薩，或是藥師如來。因此，一個念頭既能避免痛
苦，也能使疾病痊愈。可以說，就算是大家都享用，也不會因
此而減少。

如果起了一個念頭，而且已經自動運轉，那麼爲何還要增添煩
惱呢？如果是一個堂堂正正的念頭的話，與宇宙法界成爲一體
順利運轉，爲何還以悲哀與狹隘之心而生存得如此艱難呢？佛
法之真理是生動，肯定且又慈悲爲懷的。如果是以個別的我起
心的話，力量就會單薄；但以整體的我起心，其力量就會廣大
無邊、無窮無盡，順其自然地成爲法。

隨著一個念頭的正確與否，過去數億劫生存時所累積的潛在意
識的內容，就會隨之發生變化。一個念頭，可融化三尺寒冰，
也可如釋重負。即使不知心之理，只要有一顆真誠的心，哪怕
是盤根錯節的人間緣線，也會照樣一下子就熔解掉。

不要被面臨的境界束縛而手足無措。這雖說是世人生存之一般現象，然而這樣卻會感到倆倍的痛苦。如果在痛苦的心田上再次播下錯誤意念種籽的話，不是太過於愚蠢了嗎？所以，與其繼續痛苦，不如用闊達之心轉念，這樣就會感到重負減輕了些。

舉個例子，我建房還是不建？此時建是法，不建也是法。是否建房，取決於我自己，豈能說只有建才是法，不建就不是法呢？自己認爲建是好的話就建，不建爲好的話就不建，建房與否，乃是由自己的心來做決定，所以不管決定如何，都依然是道裏。

把八萬大藏經概括起來的，便是般若心經；把般若心經進一步概括的，便是佛心。佛心！最簡單地說就是心。一心！千差萬別之事是從「心」出發的。所以說「心」該有多麼重要呢？不論大哭一場還是大笑一場，痛痛快快地去生活。希望諸位都能如此。覺悟、成佛、見性也就在談笑之間。

一個念頭，可以把自己推入陷阱；一個念頭，也能把自己從陷阱中救出。引發一個念頭，就是如此得重要。做了個惡夢，就認爲今天應該加倍小心的話，終日只會出現令人提心吊膽之事；如果認爲，「這也是出自於我內在的，你瞧著辦吧！」轉個念頭後放下的話，反而會喜事臨門。

有道是做夢不如解夢。夢見破鏡說是凶兆，然而若視爲「怒吼一聲天下警」之兆的話，也會應驗的。關鍵在於能否能想得闊達一些，闊達的一個意念，也能夠成爲妙法。

見到落葉，就感到孤獨、寂寞，結果一切都變得孤獨、寂寞。相反，如果認爲「啊！快要結實了！多好！」，那只要品嘗果實就行了。

三煞在何方？四方開闊，我的心就是一切諸佛的心；一切諸佛的心便是我的心，豈有三煞方立足之地！如此想來，三煞方也就不復存在了。但是信著三煞方的存在而行往其方向，遇難之事也非絕無。

諸位的生活就是如如，而且是可修行之材。這是因爲諸位不僅是佛陀，也是眾生，心發善念便可成佛，反之便爲眾生。所謂皈依三寶，就在於懂得皈依自性三寶[17]之法，這樣才能夠懂得皈依佛、法、僧之方。我們在無心之中，突生一念、發起一念的話，就會隨之而動。此三種合爲一體而運行，我們稱之爲自性三寶，就是皈依佛、法、僧三寶，也就是真正的修行。

---

17 自性三寶: 無心是指根本心；法身是指出了一個意念；應身是指隨着意念而行动。

因爲所有一切的根同歸一條根，全體都連接在一起，所以一切諸佛之心，會在我的一心中刹那間顯現。因此要信奉一切諸佛都在我心中之事實，堅信「一切諸佛之心是一心。只有你才能引導；只有你才能使之開竅；只有你才能帶來一切和睦；只有你才能調節；只有你才能使得所有自生眾生化爲菩薩；能夠如此者只有船長你一人。」而完全託付的話，一切都會以一心回應。

2) 能通四大

我們引起一個意念，就如同傳播通訊一樣。引起的一個念頭，可通過四大要素向全體轉播，同時從我的根本受到力量。

我們的根是只發出能量的不動的中心。誰都有此中心。因此，只要樹立好一個主杖者，則向我內外境界接近的諸如；細菌性、業報性、靈界性等要素便不敢輕易窺視。雖然本來有中心，但如果不信或不想的話，也會無效，更起不到任何的作用。

我們的根本，即生命的火種，只提供能量，並不分是非，僅僅是隨著各自的用心提供力量而已。不論做強盜還是做善事，只會按各自的用心提供力量。因此，選擇是由心來判斷做出的。不論向北還是向南，都是根據心中的指南針所指的方向而運行的。

主杖者並不是單獨存在的，通天的主杖者與「我主處」的主杖者本非爲二，因此三千大千世界才同步運行著。正因爲通上達下，直連一體，所以時間和空間才成爲一體而同步運行。

我們都具有五神通與心軸。此心軸不動而能運用外面附著的五神通，因此管它叫漏盡通。此六種能力是依靠地水火風四大而運轉，受漏盡的無限力量而發揮光力、電力、磁力和通訊力。就好比全體職工都按著老闆的指示而行動一樣。我們起一個意念，就能從「漏盡的心座」發出力量，在四大的輔助下自動運轉。因此，固而不動的話是佛；起了念頭的話是法身；運行的話便是應身。

不要認爲「我是衆生，有不足之處，所以力不從心。」諸位都與宇宙直連，都具有按照自己用途引來使用的力量。因爲地水火風成了我和一切的基礎，所以其能量是可以按照不同的用途而隨意引用的。如果沒有地水火風，就不能放出能量，也不能引而使用。由於萬物萬生是通過地水火風形成，所以能依靠地水火風而生存。因爲地水火風存在，所以對一切都來說都具備此能量。

引起一個念頭而不使心運作的話，就只能是個能量；運心的話，便是活用了能量。所以說不動是佛，運心的話是法身，動身的話是化身。不論是誰，都在生活之中如此應用。

相信我的根本並託付一切，這並不是祈求。向我的根本主人空託付一切，尋求解決之路是與一切成爲一心，在我的中心樹起「願」的。所以，樹起「願」時的一個意念，會化爲「粒子」而能通訊，那麼刹那間便可通過大腦，在中腦中做出判斷和決定。此後再向四大通訊，其所有的粒子都成爲一心，爾後又各自散去。

如果自家門前不立天線的話，就無法接收通訊信號。如果我不立「信心之天線」，就無法接收到法界的訊息。信奉就等於豎起了心靈的天線；放下則如同打開了心靈的接收器。如果豎起天線、打開接收器的話，很快就可以看見和聽見。他心通、宿命通、天眼通、天耳通（順風耳）、漏盡通等都會從那兒流露出來。這是因為心是與一切相連在一起的。

一心的道理就好比石磨不停地運轉。在不停運轉的石磨中，要放入什麼是根據自己的需要而決定的。放入黃豆的話，可磨黃豆食用；放入小豆的話，就能磨小豆食用。堅信只有根據所需而放入的話，才能磨出所需之物，這是非常重要的。

不論是僕人或是主人，若以平等的心態發出一個念頭，從中便能形成阿彌陀、彌勒、龍神、地神、觀世音、七星、地藏菩薩，沒有不能變成的角色。雖然有許多角色，但都是從一個人的根本處發出去的，爾後又重新回到原位，還是原來的樣子。所以說，拿出也不會減少，放入也不會增加。

如果懂得本來面目的主人空與產生意念的我並非爲二，就自然會懂得體與用也並非爲二。仿佛耳朵和眼睛並非單獨發揮功能一般，體與用也常伴隨在一起。體與用不是獨立分開而存在的。

只有懂得我的根本與我並非爲二的道理，才能把佛法運用得靈活多樣且有意義。

有人對我說，「大師您只教用法。」豈不可笑？自己的吃、睡、醒都是「用」，此便是如如的我們的法，去掉「用」，難道讓我們成爲行屍走肉嗎？因爲有心才有「用」；有了生命才有了如此的用。一個人，連眼睛一睜一閉都是「用」，要去掉這個、那個，難道是要讓我教「行屍走肉的法」嗎？不論怎麼說，我們生活的本身就是佛陀所教的「法」。因此說，實踐是十分重要的。

第 3 章 : 自性佛與萬物非為二的道理

1. 堅信自性佛
   1) 信為功德之母
   2) 信奉是無條件的
   3) 抓住般若之線

2. 我的根本，與全體連為一體
   1) 佛性是生命的能量
   2) 只是一心主人空而已
   3) 巨大的生命能量的發電廠

3. 共生共用的世界
   1) 物無恆定
   2) 互通四大
   3) 肉身為眾生所聚
   4) 應與自生眾生合為一體
   5) 萬物眾生皆為我
   6) 一切眾生屬我父母、兄弟
   7) 萬物皆吾師

1. 堅信自性佛

1) 信為功德之母

因爲我們每個人生來就具有佛性，因此我們都已經具備了成為佛陀的資格。若想成爲佛陀，首先要堅信自己能夠成爲佛陀，還要信而發心。知道了故鄉是什麼地方，又有了欲往之心的話，由於路早已鋪好，所以只管去便能夠到達。

佛陀曾經說過，不僅是微生物，即便是那岩石之類的無情之物，最終也是要成為佛陀的，更何況是人呢！因此，諸如覺得佛法過於難就拋棄，或跟別人相比嗟悔自己的修行為時已晚的想法都是錯誤的。

關鍵就在於信心。應該確信我的根本原本就是佛，最終自己也必然會成佛。這就是所謂的信心。如果有了這樣的信心，遲早我也會成佛的。信心便是所有功德的種子。

有了我的根本本來是佛陀的信心，那麼對生存的畏懼感，也會逐漸消失。信心若像大理石一般堅固的話，最終必將會成佛的我，又有何不安之理呢？又有何焦躁之緣由呢？只要信心堅定，就會心感平安，不會被面臨的痛苦，他人的贊許所動搖。

若此之人，心就會穩如泰山、澈如秋水。因此，即使在成佛之前，也會感受到充分的回報和幸福。

開始的時候，我的根本與萬物萬生直連，所以首先要知道我的根本，而且堅信我的根本才是。因為如果開始的時候就認為「有道是全體為一……」的話，反而就像亂抓虛空般，對修行是不會有益的。只要緊緊抓住我的主杖者，才會有發現自我的契機，只有瞭解了自己才能瞭解他人，並終將會知道全體並非為二的道理。

把自性佛稱為「一心主人空」也好，叫一聲「這傢夥」也可，說是「永久的朋友」也罷。一心主人空，可成為佛陀，也能成為法身，還能成為藥師如來。到了水裡是龍王，到了野外是地神，入了地便成為地藏菩薩。隨著自己的意願、環境而變，隨意而換。因此，不必高瞻，也不要小覷，只當成是無法甩掉的永久的朋友，並以真心去信我的根本便是了。

信奉，並不是為了達到某種目的而為之的。若為見性、成佛而信佛則不能稱之為真正的信奉。為了消除身上的病痛而信佛，不是真正的信奉；為了逃避報應、擺脫痛苦、躲避災難而信佛的話，也不是真正的信奉。道理無他，只是由於我們來到了此世，所以信奉使自己托生的——即自己的根本而已。也就是作為「侍者」，信奉「自己的主人」而已。

不論美醜，我的父母還是我的父母。能因醜而更換父母嗎？因此，不論好壞，畢竟是自己的根。因根不好而離開了根，難道樹木還能夠存活嗎？不管好不好，應該堅信自己的根才是。只有信，才能通；只有通，才能成為一心而一同運轉。

應該堅信一切言行都是在心的中心，即由一心主人空那兒出入的。僅僅瞭解表面上的東西是遠遠不夠的。

應該深深地、虔誠地、有份量地信奉才行。信心不堅定的話，就豎不起中心。所以應該堅信，所有的想法和行動都是一心主人空的顯現，一切都是從那兒出入的事實。也只有如此信奉，才能把想法與行動、所遇到的一切事情，都託付於一心主人空。

向枝與葉供水者，乃是自己的根。口渴之時，無論向他樹之根如何哀求賜水，也會因爲不是自己的根而無法潤濕喉嚨。眾生之中，把自己的根棄之一旁而向他根乞求、祈求之者大有人在。這真是愚蠢而窮困的奴隸之相。

佛陀經常教導我們說：「先信奉自己，先瞭解自己，才能瞭解我的骨髓、我的心，乃至一切萬物衆生的心。因能夠知道心，可以彼此相通，從而悟出彼此相助的功德之理。」功德與福德是有別的。所謂的「福」是把收穫之物，你一鬥、我一鬥地彼此分享，而「功德」則是全體通過心心相通而彼此相助之意。

找不到根本中的自我，單憑思量之心而生活的話，就會常常端著空缽到處乞討。由於不識路，只好聽他人說「這條路好」、「那條路平坦」地蜂擁而至，於是乎掉入陷阱便成了常事。如此一來，在驚慌失措、呼天嗆地、哀聲嘆氣之中，不知不覺地又落入了另外一個陷阱，周而復始。

2) 信奉是無條件的

天翻地覆、生命盡竭、家破人亡也不眨一眼之心態，才是不屈之信心。若有這種信心的話，便已是超越了信與不信之境界的信心，因而能成為正確的「願力」和能力。智慧、永久的光明也是從這種信心中發出來的。下人只是跟隨主人而行事，不計較是與非。因為萬一計算錯了的話，連下手都當不成了。只要信服主人，統統托付給主人就行了。

無條件地信之而隨之才是。如果想著這對還是那對而猶豫不決的話，是得不到正確答案的。信心應該是無條件的相信才對。但也不是讓你閉上眼睛而盲目地去信奉。換言之，先要相信師父的教誨是正確的，相信佛陀之教誨是真理，從而下定決心，我也想如此修行。此修行，不是成為盲人的修行，而是尋求光明的修行。

多餘的追求是無用的。要堅信一心主人空會調理一切,「只有你才能做得到」而託付與之,憑藉堅定不移的信心即可。除此之外,都是「畫蛇添足」的。

讓你無條件地信而入門,是有緣由的。為什麼呢?是因為根本原來就已經存在,所以只是讓你去發現它,而不是讓你去爭論有無。這修行不是通過爭論、分辨、動腦筋就能弄清楚的問題。若如此去爭論的話,反而會形成某種難以消除的觀念。所以得無條件地去做。無條件!發現自我的修行,並不是用理論或講義來完成的。

需要完全信奉自己的根本。有疑惑或是有畏懼之心都是不行的。應該要有連自己的肉身也可以拋掉的信心才行。

明確地說,信心具有不可思議的力量。不論遇到任何困難,只要具有堅定不拔的信心,就會像攪亂了的線團被理出頭緒一般,一切都會迎刃而解。完整的信心,一定會帶來大肯定的結果。

假如現在就要死去的話,如果心中的信心是純正的,那麼就不會涉足憂慮與不安的念頭。如此信奉的世界便是大肯定的世界。

沒有真實信心的修行，就如同把爆炒了的種子埋入土裡一般，不論種在如何肥沃之地，也不會發芽，這是顯而易見的。

信而放下是除掉習性的過程。只有除掉舊習，才能發現真我。

3) 抓住般若之線

一心主人空，好比是自己船上的船長。所以完全託付給舵手，才能安全地航行。我的肉身裏面有許多千差萬別的意識，只有船長——一心主人空能安全行駛。因此，請堅信自己的船長。

應該牢記的是可稱作舵手及主人空的根。應該懂得一片片的枝葉，皆是依靠根本之理。所謂的枝葉，是喻指體內的生命。因此，應牢記並信奉容納與放出皆來源於此，使人哭泣與痛苦也受此左右。應該無條件地信奉一心主人空，無條件地放下並投入才行。

物質界與精神界，像佛珠一般串通，才能作為人間生活的立足點。因此，必須先信奉串通我肉身和心的叫做根本的這條線——即要堅信此般若之線。

若要信奉，應信奉什麼呢？名號？形相？影子？虛空？信什麼才可稱得上是真正的信奉呢？要堅信自己潛在的「本來面目」。如同子女不可否認父母的存在一般，要堅信自己的根。

人有時信奉某種名相，連不大理解的東西都信奉，那卻為何不信奉自己根本的實相呢？

人心中的根本是堅定不移並在靜中放出力量。那地方是一切所入之處，也是一切所出之所。因此，如果堅信根本，把一切託付給它，就會由於根本而運轉駕馭。

真正的主宰者就在我心中。堅信這主宰者並託付與之便是。一心主人空正是這真正的主宰者。

不睜開心眼，就無法瞭解世上萬理，如同飢渴難耐卻無法汲水解渴一般。生活中遇到許多困難，也會不知所措而不能因應。因此，我說請各位把自己的目光轉向內在，應關注「生死出入的」那一洞。出入之路唯有一洞，所以要把出來之物放回原處才是。若想抓住般若之線，唯有如此。

2. 我的根本，與全體連為一體

1) 佛性是生命的能量

精神、肉體與生命唯有結合在一起發揮作用，才可以托生為人。一切萬物萬生都是此三種要素以一心結合而運轉的。

永久的生命不僅是我，也是萬物眾生之源泉。 此便是佛性。因此也可以說「一切萬物眾生都是佛性的顯現。」

靈與佛性是有別的。所謂的靈，是指看不見的形象、無形的心相。靈是有層次的。器皿也具有大小，根據生前的心相不同，其層次也各異。但佛性既不增也不減，既不多也不少，在靜中為萬物之根、萬法之本。

佛性本身便是能量。有了生命之能——佛性，才能產生想法，運行身體，否則就無法產生想法，肉身也不可能運動。因此，把這佛性、心、身體三合為一而運行之現象，也可以比喻成「牧童騎牛吹笛」。

輪要轉動，要有車軸。然而軸只為車輪的運轉提供能量作用，並非自行運轉。這麼說來佛性也是如此。世界在時刻不停地運

轉，我們的心也在剎那間變換，但「根本之處」卻絲毫未動，只是補給能量而已。

不管我的皮囊是否長得好看，就算是諸佛的心進進出出也毫不遜色。倘若一切萬物全部併入，也不會容納不下；從心中走出數千萬人，也不會是空的。

諸位是否曾見過世上何物雖無中心卻能運轉？地球若無「中心」，就不可能那樣悠然地旋轉了。因為有了中心，才不會偏離軌道而旋轉。我的中心就是我的根本心，雖靜卻能施展能力，也具備給予關懷之力量。我的肉身也是以此根本心為中心而运轉的。

所謂的主人空，是指肉身、心之作用與佛性的整合之物。如今不僅是「主人」，而且由於「空」而超越時空地運轉著。把其運轉之整體稱之爲「主人空」。我們的肉身、心之作用與佛性這三者當中，如果缺少任何一個我們都不可能托生，也不可能活下去。因此我們把這三個有機結合的整體，叫做「主人空」。

2) 只是一心主人空而已

所謂主人空，是指包羅萬象的我，與宇宙之根本無異的我的根本。然而，主人空也是一種稱謂。除此稱謂之外，亦可稱爲「法」、「包羅萬象的主宰處」，也可稱作「本相」；或是「起心前的根本」、「生命的實相」、「永久性的發電站」，說成是「宇宙生命的能源」也行，「心中之心」也不爲過。這包羅萬象的我，可稱之爲佛陀，也可稱之爲大自由人。

關鍵並不在於如何稱呼，而在於全體萬物眾生成為一體而運轉之道理。重要的是「其一體」能夠養活全體，能夠再度養活眾生而自身絲毫不減之道理。應該重視的是「其一體」形成我、養活我，使我說話和思索的道理。脫離此道理便永遠無法悟出自身是誰。我能夠悟出，也是因為其道理存在的緣故。堅信此道理的存在便是對主人空的信奉。

「本相」，所謂「主人空」，若說有，則便無；若說無，則便有。重要的並不是有或無，而是領悟宇宙萬法之道理。若要悟，應先認清自己。由於有了我，才有了一切；不瞭解自己，就無法懂得萬法之理。主人空是為瞭解我自己的「非話頭之話頭」。

主人空，並不是想找就能尋得到的，也不是想理解就能夠理解到的，更不是用語言就能說明得了的。主人空，只能自然顯現、自然體會。

如果把主人空理解成你的或是我的，那將是一種錯誤的想法。若說一聲「主人空」，那就已經意味著全體了。也就是指支撐、圍繞、運轉一切萬法之處。但把此處認為是某個具體的中心點的話則是錯誤的。此處是一處「空空如也的中心」，是一個妙空之處。

運行宇宙的主體不是他人，正是你——你的主人空。你的主人空，既無色、無味，也來無影、去無蹤、無始無終，卻在持之以恆地運行著。因此，便稱爲空，即主人空。而主人空，就是一切萬物、眾生、宇宙的主人。

主人空，雖空卻如同永不停息的發電站。不論你如何消耗，此發電站的電量都不會減少，且能釋放出無窮無盡的能量。

只有主人空。雖說主人空也只是一種稱謂，但靜一靜，就是佛或是空；起了想法，便是法、是法身；動一動，就是應身、化身，也是色。

此世上的天地、宇宙、太陽、星星……以及人間的一切，都是與心相連在一起的。但這兒指的心不是那種人們常說的心。而「心中之心」是與宇宙相連，與一切諸佛、歷代祖師之心相連在一起的。

起心之前心中的中心，便是整個宇宙的支柱。不是個別的支柱，而是貫穿整個宇宙的心棒。是運轉宇宙的轉軸。是主人空。

所謂的主人空，不是我一個人的主人空。主人空是無內外之分，也無高底之別的，包括永不停息、超越時空而運轉的森羅萬象、大千世界。因此，既不要小覷，也不必瞻仰。

包括過去、現在、未來而運轉的宇宙中心之處，也會成為我們的中心之處。說起來只有大小之別而已。因此，如果懂得小的自我中心之處，與大的中心之處合二爲一地相連在一起之理，並如此生活的話，生活之處便會有道。萬物眾生的心，乃至昆蟲、所有的心之主處，都與我們的心——即中心主處連結在一起。正因爲架設在一起，一切萬物眾生，不論在明處還是在暗處，都能相互交流、心心相通地共同運轉。這便是一心主人空。

拿不出也抓不著，更見不到的自己根本的主人空，卻懂得宇宙之廣大無邊的道理。

與根本── 一心主人空成爲「一」時，那「一」本身也不存在；從一心主人空中顯現出來，便會湧出數不清的能量。萬法是出入於一心主人空的。

一心主人空是宇宙的根本、是我的根本、是一切萬物萬生的根本。正是從一心出現了一切諸佛、菩薩，出現了一切眾生與森羅萬象。一心是一切的根本，是始也是終。它跨過時空而存在。

3) 巨大的生命能量的發電廠

宇宙的根本與人的根本心相連在一起；世間的萬象，都與我的根本架設在一起而運轉。也就是說，宇宙三千大千世界是通爲一體的。無牆壁、無遮棚，處處相通，在此相通之處，會發出神秘而偉大的力量。此地並不是一個固定之處，而是一個沒有中心且通體空空之地。雖然通體空空，但卻能發出無窮無盡的、不可言喻的力量。

永久的生命就是能源的發電站。其能量，可多引大用，亦可少取小用。用其能，驅動龐大的工廠或是點盞燈明，並不會有差別。只是能夠按照自己的一個意念，可隨心所欲地引而用之便是。在這個道理上是沒有差別與高低之分的。其對一切萬物都

是平等的;在任何情況下,都是平等的。像微生物一樣用得少也好,像人間一樣用得多也罷,生命之能源只會顯現而已。因此才說此永遠的生命是與一切一同運轉的。

如果說宇宙的根本為發電站,那麼我們從那兒按我們的用途引而用之,便是能量。話又說回來,根本心與發電站直連而並非為二地運轉,才能夠按照能力或用途自由自在地取而用之。能夠按照自己的需要、或多或少地取用,其能夠取用的容量是無限的。

啟動開關,電燈就能照明。其電來自何方?當然是發電廠。同理,不論是微生物、動物還是人,都是從生命能量的發電站,引來電力而點亮生命之光的。不僅照亮,且用於時刻不停地運轉之上。此發電站,有著無限的能力。正因為如此,架設於其上的我們各自的發電站,也會有無限龐大的能力。因此,我們能夠隨意引來能量,隨心所欲地用於光力、磁力、通訊等領域。眾生只因不信且不知此理,才無法實行。

此虛空中也充滿了生命。所謂充滿了生命,也就意味著充滿了能量。我們可隨意引其能量而用之。人人都可引而用之。只要懂得了「無行之行」的道理,不論何時都可以引用充滿在虛空之中的能量。

3. 共生共用的世界

1) 物無恆定

包羅萬象的宇宙之中，沒有固定不變的東西。 我們的存在，也不是固定的。所以，也不存在固執「我相」之事。也沒有什麼可稱為是「我的所為」。其實更沒有什麼可稱為是「屬於我的」。如果懂得此理，那麼人生就會變得如如。

三千大千世界，其規模不論如何廣大、其形象不論如何輝煌燦爛，也不過是剎那間的顯現而已。絕無是固定不變的。

不論什麼，出現而消失的並不是實相。每個瞬間的顯像只不過是不固定地轉而又轉的瞬間之影而已。

現在，地球在不停地運轉，宇宙也在不停地運行，沒有一個是靜止不動的。我這肉體之中的自生眾生也在不停地運轉。誰曾見過我們的肉體轉轉停停、停停轉轉的呢？不是連我們睡覺的時候都不停地運作著嗎？我們的眼、耳、口，沒有一樣是停止不動的。即使是一埃塵土，也不是固定不動的。

所有的一切，正因為生著時猛烈地運動，才稱為「空」。我們的思想、身體、宇宙，都因為具有生命而運動，才稱為

「空」。在「看」見了什麼的瞬間，已經起了變化，所以是空。基督教認為，宇宙的萬物是上帝所造。但佛教認為，所謂的創造，只不過是顯現而已。

我們的相逢是永久的嗎？所看到的是固定不變的嗎？所說之言、所問之事，來來往往都是永恆的嗎？由於不是固定的，所以才稱為空。所謂的空，並不是說無，只是由於剎那間、瞬息間一直變化運轉，所以沒有能稱為「就是這個」的固定之物。物不論是什麼，要有固定的形象，才可稱「我」或是什麼「東西」，然而實情並非如此，所以才說，所謂的我因空而無。但並不是由於根本不存在而稱之為空，是因為雖然充滿卻無法固定地稱之為「何物」，因此才為「空」！

請觀察我們在現實生活中的角色吧。有時在扮演父親之角色，但瞬間又稱為丈夫、兒子。時而為兄，時而為弟，時而為上司、同事，時而為下屬。我們的身上並沒有固定的角色。若說有，也不過是根據情況，時時呼應而運轉著的那種顯現而已。因此，現在跟諸位說話的我，也說得上固定形象的我嗎？。

釋迦牟尼，說教四十九年之後，卻說「我連一句都沒講過。」這是為了讓我們懂得：一切萬物眾生，都在剎那間顯現而不固定地運轉，所以是空。沒有什麼值得稱之為我個人之所為。因此，這一切都是為了讓我明白「平等的空」之事實。

給予我痛苦的對像是不存在的，其實體也是不存在的。所謂的痛苦，是出自於心中的執著或是對抗。所有的一切，都在時時刻刻不停地運轉，但卻要把它看成是固定的，所以痛苦也就伴隨而行了。

2) 互通四大

世上的萬物眾生是相互供養著的，彼此間是互通四大的。透過交換空氣、交換水、交換四大所凝之物而生存著。作為命運的共同體，一起用、一起吃、一同運轉。萬物眾生，是以一心而生之。乍看起來，彷彿各自為生，可實際上，我是為了他人，他人是為了我而生存著的。成為共心，以共體而共生、共食、共用著的。因此，哪兒也沒有「我相」的地方。

世無完人。我穿之衣、我食之物，沒有一種是完全靠自己單獨解決的。賺錢也不是獨自能為的。這張紙，也不是自己一個人就能造就得了的，需要樹木、水、火的幫助，也需要他人的幫助，才能製造而使用。由此看來，何以能稱為各自獨立為生呢？

即使相隔千山萬水，我們也是一家人。如同我們體內有無數的生命體在共生一般，我是在地球之體內共生的生命體。進而言

之，地球是太陽系的、太陽系是宇宙的共生體，即是一個共同體。況且，心是沒有遠近之距離的。由於心的速度比光速還要快，因此，宇宙的盡頭也可在剎那間到達。

宇宙的萬物眾生互通而生存，是相互間不分你我的一家人。即使是木石之物，也是一樣的。然而，由於不相信是一家人，所以對方需要時卻不能提供幫助，我需要的時候也得不到幫助。

我們是靠地、水、火、風四大而生存著的。空氣在不知不覺中養活我們，水、風、火也是如此地養活著我們。那麼，何以不是值得感激之事呢？進而教誨我們說，要生活如水、生存如空氣。宇宙間的萬物眾生，都如此無住相地相互交換四大而養活對方、支撐著一切。不依靠共體、共心而共食、共生、共用的道理，還能向何方去乞求救命與幫助呢？

此肉身就已充滿了生命，那麼，其生命還會是誰呢？正是我們自己。與其一同、以一體、一心，同食、同生著。如此共用、共食、共生之共體，就是「如來」。因此，請不要用「由我做」、「惟我懂」等我相，惟我的固定觀念來遮蓋掉我們的實像。拋掉了「我相」，本身就是佛陀、就是如來。

3) 肉身為眾生所聚

我們的肉體就是眾生的集合處，好比裝了無數生命、業識的籃子一般。所以，當我們用此身去做某些事的時候，構成肉身的無數眾生都一同進行，是共食、共行、共生的。因此，不僅是此世界一同進行，我們肉體的內部也是共生、共用、共心、共體、共食的。

我們不是單憑自己，而是與眾生結合而形成的。所以，才如此能言、能想、能行。因此，向上應發現我托生為人之前一直引導我的自性佛，於下要普救無數構成我肉身的眾生。

我的肉身，是由數十兆億的細胞在各司所職，所以我才能活得如此堂堂正正。由於其各司所職、相互救助，我才能發揮自己的作用。假如某一個部位罷了工或是成了廢墟的話，我就會失去作用而死去。因此，同乘一船，若不知此共生之道理，以致船長忽視了船員，其船還豈能健全航行？

吃一碗飯，也不是一個人吃，而是無數的眾生在一起吃。我的體內，又有多少其他生命的「我」呢？所以，哪怕我自己在吃一碗飯，也是在共食。非但如此，耕田者、煮飯者，都是在一起共食。所以才說，我們用的一碗飯，是與宇宙整體一同享用的飯。

此身是無數個生命體生存著的集合地。在此集合地內，如果說
「給我些什麼吧」，也只能服侍。說渴就要取水侍候，說餓
就要餵食，「給些好吃的吧」，就得給好吃的，說熱就得給扇
風，心裡火氣大就得想辦法下涼貼，說睏就得哄著入睡，那無
數的眾生不就是我們的主人嗎？

人體內蠕動著無數的細菌。但體內若無細菌是無法支撐身軀
的。既然如此，又何以能把自身與細菌劃分開來呢？我若要生
存，那麼細菌也必須生存。

我身便是宇宙。若一仔細看，可以說那裡有太陽系、衛星，還
有黑洞。因此，悟到自身，便能悟到宇宙。

4) 應與自生眾生合為一體

存在於所謂肉身的這一小宇宙裡的無數生命，其心與我心一同
運轉，才不至於發生問題。我體內無數生命的意識和我的意識
聯結在一起成了一體。為了使之能夠更好地運轉，又造就了耳
鼻口目，託付其好好引導，但若不能以一心協調的話，問題豈
能不多？

體內無數生命的意識，與我的意識以心相連。因此，若懂得皆
為一體的道理而機智地處事的話，構成我肉身的眾生也會一同

變得聰慧，身體也會因而變得健康。反之，若利慾薰心而不得泰然、不滿之情沈積，眾生也是會仿效的。那麼就會生病。

萬物萬生各司己職、各行其事，一同運轉。彷彿掉下一根螺絲，手錶便無法運轉，現在皆為共用，所以沒有事能說是自己獨自做的。正因為如此，也就不必獨自掙扎。想到「由於一切出自於我的根本 —— 一心，所以就要在一心之中解決。」或是「它能使我成功，也能使我失敗，還是讓它看著辦吧！」這樣完全託付給它。痛快之事要感到萬幸就行了。如有心煩之事，「心煩之事也是從那裡發生的，能改變者不就是你嗎？」這樣通通放回去，就會萬事大吉，又何須如此抓而不放呢？

由於不知自己是無數生命的集合場而說成是「由我做」，所以眾生生命的意識也只能說：「若你那麼了不起，那就請便吧！」而會撒手不顧的。因為它們都時刻不停地發揮作用，支撐著此集合場，但一昧地認為是「自己一個人」所為的話，按現在的話說，便是「你是能人」，此後它們就不會怠工嗎？也就是說不會一心相助的。

如果把自身比喻成一個公司的話，我的心可以說是老闆，我的自生眾生可以說是職員。在這樣的情況下，如果老闆心理不穩、左顧右盼，其公司還會健全嗎？職員不相信老闆而擅自行事，其公司還會健全嗎？因此，只要決定了生存就堅信不移地勇往直前，不論是老闆還是職員，都不會自行選擇死亡之路。

我們身體內的細胞也是如此的。所以，不要被業識所拖累來抱怨什麼，反要堅信「都是從我的根本出來的，所以能解決的只有它」而請放下吧。

外面掙紮的話，裡面也會掙紮；裡面若是掙紮，外面也會仿效。彷彿船遇到了大浪，乘客們驚慌失措，如果那樣，除了翻船，還會有其他的結果嗎？聽天由命吧，天塌下來也好，船翻了也罷，將心託付與之，若體認到「哈哈，我本身是空的，船是什麼？大浪又在何處？」的話，只會露出微笑，是不會翻船的。也許有人會說：「現在痛得馬上要死、家患層出不窮，還道什麼心靈之修行、託付於主人空？」但大家要知道：信奉主人空、放下、託付與之，便是解決那一切問題的捷徑。

維摩頡居士曾說過：「眾生之患痊癒之後，吾病才能痊癒。」這句話意味著：由於體內自生眾生們生病而我生病，自生眾生的病痊癒了，我才會康復。若體內自生眾生健康，我自然不會生病。因此，不要把自生眾生與我視爲在獨立地各自生活，而應視一切都以一體運轉並加以治理才是。

若要成為自由人，首先要把我內在的眾生心重播于根本處。我心中的自生眾生之意識，應與心中的舵手主人空融為一心。只有如此，哪怕是遇到了大濤大浪，人生之舟也會破浪前進。

以無數的形象，時或為父、為子、為兄、為弟而顯現，一人扮演著多種角色。如同在那佛像上，裝上多臉、多手、多眼一般。我的體內又該有多少個「我」呢？經過無數個階段和過程，從微生物進化到人間的各種證據都在我的肉身裏面。不論是誰，若懂得了此理，就會明白佛法是多麼廣大無邊的妙法。

5) 萬物眾生皆為我

即使佛陀就在我眼前，也不必仰視；即使是一隻螞蟻、一棵樹，也不該小看。應把一切萬物眾生視為我，而不該視為二。彼形象便是我形象、彼心便是我心，何以能分成兩個呢？只有使之能契合於主人空，才能發現「真自己」。

只有真正懂得並非為二的道理，才不至於丟了佛陀的名聲，不至於傷透佛陀之心，也不至於背上有辱師父的罵名。

因一切萬物眾生，以一心時刻不停地運轉，所以說空、說平等。如果懂得此道理就會明白：因為我與對方並不為二，所以可放棄或奪取的對象並不存在，對方也不會拋棄我或欺負我。

即使是三千年前的佛陀重現於我眼前，也不要只看其肉身或是形象，而要讓心與心成為一體而堅信才是。只要到了此境地，哪怕是一顆草，也如同我一般，在其形象、痛苦、生活中，成

為一體而同行。也只有到了這種程度，才能夠達到不論面臨何種境界，都可以隨遇而安、收放自如。

6) 一切眾生為我父母、兄弟

從微生物開始，經歷了數億劫光年，進化為如今的人類。是自我形成而引導至今日的。在過去的歲月裡不斷地一時為父母，又一時為子女，最終成長為了人類。所以才得出，不論是誰都是我的父母、是我的兒女，同時也是我。

人，如果在此地死亡了，就會在彼處重新投胎而生成那家的兒女。此地因死亡而痛哭，彼處卻因出生而歡笑。如此周而復始，那麼細細想來，有時曾是我的父母，有時可曾是我的子女。因此，也就不該區分誰是誰的子女、誰是誰的父母，而應一同賜予愛。

今日的形相是隨著過去的因果而顯現的，所以在顯現的瞬間，過去與今日是同在的。由此看來，怎能說只有今日的父母才能是我的父母呢？又怎能說只有今日的兄弟姐妹才能是我的兄弟姐妹呢？無數的生命都是與過去的我無異的。由此可說你我並無區別，你和我的生命並非各異。

7) 萬物皆吾師

因有了世上的萬物，我才能視之、聞之、學之；又因有了對象，才能夠學之。所以對我來說都是值得感恩的對象。只有懂得了此理，才能夠報恩。

全宇宙都是我的老師。只要仔細觀察的話，我們可以從身邊所有的一切事物中學到東西。

不論是水生、陸生；不論是懸掛在空中的星星還是有生命的、無生命的；不論是看得見的還是看不見的，一切萬物眾生都是我的老師。因一切互相幫助成為一體而運轉著。所以我拜你為師、你拜我為師，以並非為二之理，懷著感激之心而生活才是。

不是只有佛陀才為老師，也並非唯有善知識才能為師聖，若在此世生存，哪怕從強盜身上，也能有所領悟。至少能反省，我不應該那樣去做。因此，一棵樹、一塊石頭、流去的水，都是我們的師聖。世間万物皆吾師。

萬物彼此皆為師聖。那麼還能說誰是佛陀誰不是嗎？佛陀是個名號。名號不過是為了相互稱呼，為相逢而設的符號而已。並不是因佛陀之稱呼而成為佛陀的。

因全體都是門，所以才說沒有門。如同萬物眾生沒有一個不是我師一樣，一切運轉的道理中都有門，我自己運轉的道理上也有門。因此，如果認為他處另有固定的門的話，可能就找不到門了。

教導我的教鞭，可以出於孩童、植物、生物、動物，甚至也會出自於石塊。

一切自然現象都是為了挽救生命而進行的挑戰和工作。波濤洶湧是為了挽救太陽光和氧氣無法進入的水下生命而進行的工作；結冰也是為了通過調整冷、熱來挽救生命。所以說，一小塊冰塊也是扔不得的。那麼以人為主體而演繹出來的現象，還需要多說什麼呢？都是在救助著我，進而促使我進化發展。

風雨可淨化空氣，洗去地上的汙物。風浪可促進水的循環，進而把氧氣送入深水之中。人生的風雨是淨化我的佛、淨化我的菩薩。

請看一看，樹木也是到了春天發芽、夏季茂盛、秋季結果，經歷了風霜而葉落。冬季經受風雨而盼著春天的來臨。我們的生活中，如果像那些樹木一樣有濡忍之心、有有餘之處，應付日常，那麼我們的生活肯定會得到發展。然而，不知忍耐，只會抱怨、發怒或拒絕所遇之事，那麼最後連降臨的機會也將逃

走，財物也會逃遁。所以說，一切萬物皆有可學之處，哪怕是一根小草，都可以成為我們的師聖。

即使是懂得了「一些什麼」，也絕不可自滿。要時刻懂得謙遜，是真心實意的謙虛，不論見到什麼，也不管是否與己有關，都應感恩才是。走路的時候，哪怕是見到一棵樹、一塊石頭，也應想到「嗨！如果不是這些生命、這些形象的話，我來到此世後，如何能學到人情世故，又何以能懂得我存在於此的緣由呢？」進而對此產生感激之情才是。此便是真正低头之路。

人世間是淨化我人生的熔爐、工廠。人世間是無所不有的。所有的一切，都是教導我的素材，也是機會。並非只有聖賢之言才能教導我，所視、所聞、所經之事都在教導著我。聖賢之言，僅僅是啟示我們一切皆為我師之事實而已。作為一個人而生活，如果不能達成心的進化的話，就與雖是圖書館的職員卻不識一字是無異的。

第 4 章：我樹之果成熟之修行

1. 處處心，處處佛
   1) 無處不在的佛陀
   2) 既無來，又無往
   3) 佛居我心
   4) 把你自己當作燈燭
   5) 瞭解自己，才可成為功德

2. 佛法正解
   1) 不要信仰名號
   2) 製造千佛、萬佛
   3) 何時要向外求
   4) 與生活一體的宗教
   5) 佛教不是商標
   6) 一拜成為三千拜
   7) 以心念經

3. 實踐修行，體驗修行
   1) 佛陀之果不如我果
   2) 如果不會喝一杯水的話
   3) 目今未明，死後焉懂
   4) 如同母雞孵蛋
   5) 只有中心軸正

1. 處處心，處處佛

1) 無處不在的佛陀

佛陀並非只存在於寺院、法堂。再者，也並非只存在於三千年前。佛陀是與我的丈夫、妻子、父母、子女、鄰裏同在的。不，他們就是佛陀。與我比肩而過者，都是佛陀。山川草木、微物禽獸皆是佛陀。尤其是自己本身就是佛陀。如此一來，還要從何處尋找佛陀呢？還要去何處參禪、禮佛、祈禱呢？

只瞻仰佛陀而小覷自己，那麼最終便會小看佛陀。相反，小覷佛陀，只有我相，結果還是小看了自己。此種眾生相、我相最終都會成為修行正法的障礙。佛陀之教誨就是拋棄諸相而視一切為平等不二。

因佛陀與我不二，所以能夠不執著於佛陀。開始時也許想依賴佛陀，但由於佛陀與我不是兩個獨立的個體，所以也就不必抓住，也不必依賴。只要堅信佛陀與我皆為一體，自然就會鬆手。

我在之處便有佛陀。我去佛堂，那裡就有佛陀；我去廁所，那裡也有佛陀；佛陀既存於淨，也存於垢。我在哪兒，佛陀就在哪兒。若我在法堂，「佛陀」便在那裡；若我在茅廁，「佛

陀」便在廁所裏。不必講垢與淨，要懂得佛陀一直是與我同在的。不論信仰如何，若我在法堂，「佛陀」便在那裡。不論信仰何種宗教，一定要懂得自己信仰的「神」就在自己所在的那個地方。因為自己在，他的神才會在。

世上萬物，各自的稱謂便是佛陀的名號。世上萬物，各有的形相便是佛陀的形相。世上萬物，各自的活動便是佛陀的活動。在眾人的眼裡，也許會有是非、善惡之分別，但是佛陀的眼光是超越了這種區別境界的。

原本性品就是佛陀之性品，它因空而不垢不淨。在那兒報應、因果、善、惡也是不存在的。本來就沒有「我」的自由之處。因此，如果我們執著於什麼的話，會與自性佛背道而馳，事情也不會很順利。

本來性品佛陀之處是沒有報應和因果的。那裏因沒有要守的規律，因此也沒有能犯的規律。由於本來的性品是空的，所以就沒有垢淨之分、無原因與結果、無修煉亦無修煉而所獲得。佛陀之處就是如如的。

2) 既無來，又無往

許多人認爲佛陀於三千年前在印度誕生，而後離去。此後，佛陀既無來、也無離去之事。宇宙三千大千世界中，無佛不在之地，不論有世之前還是現在，佛陀依然是存在的。許多人在身外尋找佛陀，其實佛陀是與我們的心同在的。我們的心，便是佛陀之心；我們的身，就是佛陀之身。因此，不存在來與不來之別。如果不知此理的話，是難以成為真正的佛門弟子的。

釋迦牟尼佛，並非因有三十二相、八十種號而成爲佛。釋迦牟尼佛，更不是獲取了佛的威德相才成爲佛陀的。悟者便是佛，未悟者就是眾生。

我们称「佛啊！」之时，并不是指哪一位个别存在的特定的佛，而是指一同運轉著的宇宙全體的一心。若把佛視爲個別物件的話，從此瞬間起佛就不存在了。

敬仰釋迦牟尼佛而呼為「佛陀啊！」之時，也不要呼哪一位個別存在的特定之佛，而是要呼一同運轉著的宇宙全體的一心之佛。

由於佛是一切歸一的全體本身，所以並非只存在於某個特定的場所。不論垢淨，無所不在。

一切萬物眾生，化為各自的形相，顯現而運轉的便是佛的形相、佛的心。

佛堂上供著佛，左右供著文殊[18]、普賢[19]菩薩，之所以如此供仰是為了讓我們見到其形相後有所悟。心不動就是佛，起心是文殊，若動便成為普賢。

即使佛堂上供著一萬尊佛，也不應視為一萬尊佛。阿彌陀、阿閦、彌勒、觀世音、地藏、藥師、地神、龍神等諸佛，都是從佛陀之心處顯現出來的千百億化身之一而已。佛陀之心就是這樣變換著千差萬別的形相來和我們相應的。就是在此刻並在此地。如同我們每個人，時而為父、時而為兄弟子婿一樣。所以，拜見佛陀是一心，拜見觀世音也是一心，拜見山神、地神、海神仍然是一心。

由於心是無體無形的，因此能夠以各種各樣的形式、隨心所欲地瞬間顯現、運動、出入，不受任何阻礙。如此自由自在之心，若被形相所縛，豈有此理？

---

[18] **文殊:** 作爲誕生佛祖智慧的菩薩，位居釋迦牟尼佛祖的左面。
[19] **普賢:** 作爲施行佛祖至極慈悲的菩薩，位居釋迦牟尼佛祖的右面。

3) 佛居我心

眾生之家便是佛陀之家,我們的家庭與工作場所就是佛陀之家。我身是佛陀之身,我心便是佛陀之心。所以無處不是佛堂。那麼何以能說僅有供佛像之處才是佛堂呢?又何以能言只在那裡才表虔誠、淨化道場呢?對我的家庭、我的崗位、我自身,也應如此。

釋迦牟尼佛祖、歷代的高僧們、無數的聖賢們、諸佛菩薩……所有的佛陀融會在一起之處,便是我的「心座」。也就是說,這一切都在我的心中。那麼還要不顧自己的佛堂,到哪裡去祈禱、膜拜呢?

由於佛陀與我的心不二,所以做禮佛時,是在想著佛陀之心符合於我心,而肅然膜拜的。是為了成為符合佛陀之心,以光照天下而施禮、叩頭的。並非一定要在佛堂才能拜佛,因此不論在何處,都始終是可以敬佛、拜塔、進香的。

佛相乃我相,佛陀之心便是我心。因此,向佛堂的佛陀之像頂禮,便是向自己的根本頂禮。即向宇宙包羅萬象契合為一體之處頂禮。

一棵樹上會有數不清的樹葉。樹根只有一個,但樹枝何其多,樹葉更是不計其數。若念八萬四千經,就如同一一數著樹葉一

般；一百零八拜或一千拜地一味叩頭的話，就如同只撫摸著樹木一樣。如果樹上有枝和葉的話，也必有其根，釋迦牟尼佛祖便是告知你此理之人。

有些人，來來去去寺院，只是點燭、進香、供清水、供花，還說「我去寺院了」或「我信佛教」等等。但如此的信奉並不是真正地信仰佛教。只有懂得了是因自己，此世才得以展開；是因自己，一切才得以一同運轉之理，才是真正懂得了佛教。

4) 把你自己當作燈燭

佛陀曾教導說：「把你自己當作燈燭吧」，並沒有說「請跟隨我吧」。也沒有說「這條路是我修築的」，只說過「尋到了從很久以前就有的東西」。在釋加牟尼佛祖出生之前，也依然存在真理之路。此路也並非只在印度有，而存於世上各處，同時現在也存於我們心中。由於是「心靈之路」，所以是「無路之路」。

人們要在外面尋找佛陀、菩薩。這是違背佛陀之教誨——「把你自己當作燈燭吧」的。這好比說著「遠山幽處會有春天」，然後背著包裹向外尋求，卻沒有看見自己的庭院裡早已是梅花綻放。

不要向外尋求佛陀，而應該在自己的內在尋找。我內在的佛陀，對於貧窮的我，可成為多寶如來；對於病中的我，可變成藥師如來；對於陷入危難的我，可變成地藏菩薩。有時會成為觀世音菩薩，也會成為文殊、普賢菩薩，也可成為各種神將。那麼，諸位將向誰點明燈燭呢？

5) 瞭解自己，才可成爲功德

理解了合為一體之道理，與一切在一起時，我所想的、行動的才都能成爲功德。因此，四大聖人才異口同聲地教導說，一定要信自己，並且一定要先瞭解自己。

說是要成佛，但卻不參究自己的根本，只是苦盼何時能遇到佛，何時能得到佛的傳授者不乏其人。有時也憋足了勁要「早些修成」，但若不參究自己的話，是無法親見佛陀的。只有發現了自己，才能發現佛陀。

如果知道自己腿的長短，那麼在越溝之時便能選擇合適的位置而跨越。如果不懂此理的話，在越溝之時只會落入溝裡。然而，時人在修行之時，有的根本就不想跳躍，或者是盲目地跳躍。不先發現自己，便無從得到佛法之道理，因此應該先努力發現自己才是。

不知道自身具有過去的父親、師聖、佛陀、法身、化身而向外尋求的話，即使過了千百年也是徒勞的。只有悟到我的根本心具有一切，而且其根本心以千差萬別地顯現而歸於大一空，才能看透三世之心歸於一心而圓通自在。也只有這樣，才能夠報答佛陀的恩德，於上還清佛祖的恩惠及祖先的陳債，於下為子孫留下光環。上求菩提，下化眾生也才有可能。

唯我之想法與意志，使我堅信「固定的我」。這是因為一向在外尋找之習慣所造成的。如果想知道我是誰的話，應把目光轉向內在才可。

人，連自己這小小的身軀都不知顧及周全，而只看著外邊奔跑。因此，何以能解決所遇到的無數的內外境界呢？人不應該只望著外面奔跑，而要把目光轉向內在，沈重地注視著自己的內在，並默默地向前走才是。只要依靠各自的心眼，如此修行之人，一步可躍千里。

2. 佛法正解

1) 不要信仰名號

不論能否覺悟，關鍵就在於是否「自己真正信自己」。輕信他人的說法，一說是科學就乾脆全信，但為何就不願意信自己呢？能信看不見的，同時無法證明的老天爺、山神、地神，但為何卻說不信自己的根本呢？絲毫不願意相信自己內在的根本，因此能否覺悟應該是之後的話題。

在自己的內在有卓越的佛堂，卻不知其佛堂內佛陀已儼然存在，還想著「何處有好的祈禱處？」或「何方可有高僧？」而到處尋求。撇下自己內在的佛陀不顧，卻認為外在另有佛陀而熱衷地尋求。有時指點者也會讓人不顧自己的佛陀，而尋求另外的佛陀，這真是無奈之事。

把我自己的根本置之不理，信什麼人或形象，向它祈禱、向它發願是不可以的。即使釋加牟尼佛祖存在於此，如果對自己的根本沒有信心的話，就算是信釋加牟尼佛祖，也只不過是信佛陀的肉體而已。只有豎立起自己的「根本心」，釋加牟尼佛陀之心才能夠通過我的心，最終和我融爲一體。

若要高呼「慈父老天爺啊！」地尋找的話，應該先瞭解自己。這是為什麼呢？這是因為，由於我來到了此世，才有了宗教、有了老天爺。連使我來到此世的我的根本都不知道，又何以能知神、知老天爺呢？那樣，縱使是叫了又叫，也只是沒有應答的名號而已。

有了我之後，才有了宗教。宗教是人創建的各種觀念之屋，因此，倘若不知我的根本的話，就很容易掉入了陷阱。

諸位是如何應付時時刻刻面臨的情況與時時刻刻從心裡生出的境界的呢？假如在行路途中發生了大事要趕快解決，難道是跑回佛堂去向佛陀請教嗎？難道事過之後，才要到佛殿去吐訴嗎？請想一想，是不是這個道理？

2) 製造千佛、萬佛

太陽的光輝是不分場所和人的。她既照射美麗的庭院，也照射糞堆；她既照射乞丐，也照射百萬富翁。但自己遮住了陽光，卻喊著陽光照不進來者不乏其人。不顧內在的佛陀，而向外尋找佛陀者即是其人。

即使有一萬、十萬尊佛陀，但終歸還是「一佛」，即使一切萬物萬生都成了佛，也還是一個佛陀，這就是釋迦牟尼佛陀教誨

的道理。然而，如今不論是到了何處，都豎著各種佛像，且不僅是一個，有千尊、萬尊，甚至根據稱呼豎了藥師像、地藏像等，從而使人只顧外像。這不是在給佛徒提供法身，而是在製造迷信。

不是因戒律佛法才得以支撐，也不是因敬佛或坐禪，佛法才得以繼承。佛法雖無肌膚骨肉，卻依然存在。佛陀正是為了指點此理才來到世間的。

其他宗教不必多言，如今各寺院也多有依賴「他力」的傾向。唱歌、祈禱、念經，無不具有祈福之意。雖口口聲聲稱應先知自己，卻不想點心燈，而要點電燈貼符。求於他力之行為是顯而易見的。然而，佛法卻不是那種鬼法。

佛法按人之所為，可成為迷信，也可成為鬼法。

聽信卦者之言，被神符束縛、被魂靈所牽引的話，那就自己忽視了自己寶貴的生命和高貴的人生。作為一個堂堂的自由人，都具備著成佛的資格。因此，不應把自己的生命和人生浪費在如此之外道上。

我並沒有要求諸位在佛祖面前膜拜和祈禱，也沒叫諸位去禱告。只是說，因為自己的根本只有一處，所以請把一切託付於此。「因為這一切都是你（主人空）做的，所以由你的（主人

空）來解決吧！」相信自己的根本，並且請把一切都託付在那裏。

3) 何時要向外求

佛陀曾說過要信我、隨我，向我供水、供錢、供食物、供花嗎？佛陀是絕對沒有說過這樣的話的。佛陀只說過早些領悟後成為自由人，而沒有讓你去注重砌祭壇之事。

不知何時形成了祈禱之傳統，說是佛徒，卻供饌祈禱、供飯祈禱，不是畫符放入枕內，就是貼在牆上或藏於身上。搬家之時，要看是否吉日，方位是否合適，是否入了三災等真是讓人擔憂。　每個人，都有眼、有鼻，五官端正地出生於世，那麼就應該堂堂正正地去生活，何必像蘆葦、傀儡一樣，盲目聽信別人的話呢？如此生存，與奴隸何異？生為奴隸，死後也會成為奴隸。

每個人，本來就已成為自由的人。如果口渴就喝水、飢餓就吃飯、想排泄就排泄、想睡覺就睡覺，這難道不應該成為真正的自由人嗎？如果已進化為萬物之靈長，托生為人，則不能只叫做「萬物之靈長」而不成為「萬物之靈長」。各自從束縛的網中脫離，讓自己成為真正的「萬物之靈長」吧。

很多人來寺院祈禱說：「我貧窮」、「我事事不順」、「我身有疾患」。這是多麼絕望才會做出的事情啊。我十分理解他們的處境，但最終還是必須要明白，只有我的根本真我才能夠解決一切問題。所以釋迦牟尼佛祖讓我們各自去發現真正的自我。若發現了真正的我，自然就能自由、如如地生活於世了。

若把幾百年前與現在的生活做個比較該會如何呢？那時候，村外也不能算是近路，但現在千里之路也一氣可達。不光是發生在外國的事情，連太空船在月球上著陸，也都能夠坐在屋裡看到和聽到。這是一個在一瞬間就可以實現通訊的世界。如果請古人來參觀現代人的生活，他們一定會說現代的人都是神。那麼還需要向石頭、樹木上供物來祈求賜福嗎？忘掉自己的出眾才能，不論是上百年前還是現在，不知改進而舊習照辦，這成何體統呢？如今的時代，必須要學會以符合現實環境的方法來修煉心靈之道理。相反，卻只學習連現代科學也可超越的那種心修。

倘若盲目地認為自己卑賤、低下而忽視自己，把自己置之一方，只知恭敬佛陀的話，這種人不管到了何時也無法在佛陀心中佔有一席之地。不論對方是誰，也不管看什麼，既不要小看、也不要仰視，應該視為平等、視為與我不二才是。

跪在形相前祈求並不是祈禱。擺上供物，按著規矩膜拜、念經，也不是祈禱。祈禱與拜佛是指真心實意地皈依於無限功德的「主人空」。因此，祈禱、拜佛中，最可貴的是修持至極的誠心。

4) 與生活一體的宗教

人們在信仰宗教之時，往往把宗教當作特殊之物相待。其實，每個人來到此世、成家生活，其本身就是宗教。認為宗教與生活是兩回事，那便是錯的。生於此世並在活著的同時，相互結識，懂得了處世之正理的話，此與宗教所教就無異了。宗教就是在為正確理解世理而指路。如果宗教脫離了我們生活的根本之理的話，就不是宗教了。

很多人似乎還不知道宗教到底是什麼？佛教到底是什麼？並且還稱「我不信佛教」、「我不信宗教」。然而，生活本身就是宗教，這還存在什麼信與不信呢？我們都有生命，並因有了生命而相互交換能量、共同活動，難道還不相信此事實嗎？佛教正是在教誨生命的道理、心與心的通訊、生而運動的相對性之道理，何以能說不信佛教呢？

人們之所以皈依宗教，是為了脫離痛苦、享受平安。因此，每個宗教都教導說：「此處便有其路。」然而，如果宗教認為，

此世以外的世界才有那種福樂的話，那麼此世是什麼？自身的現在又是什麼呢？如果說那些平安都是拋棄此世以後才能得到的東西的話，那麼，來此世便是錯誤的，乾脆不出生才是最大的福樂之事，但是佛法卻不是如此之法。應該拋棄的是心中的「執著」，並不是生活之本身。生活是品嚐佛法萬味的機會，我們出生是為了通過此機會，進一步進化後而成為佛。正是佛法教導著我們「生而復活」、「生而涅槃」之道。

此世的一切本身就是八萬大藏經。並非只有文字上的大藏經，如同屏風般展開著的山川境界，世上萬事都是八萬大藏經的根本，同時也是它的顯現。我們反復呼吸、生活的本身，也是八萬藏經。因此，一思一想、一舉一動若違背其道理，那麼即使把八萬大藏經背得滾瓜爛熟，也是無用的。

根本處或主處就是指我的根本，因此在我的內在，不是指某一神。例如「主」是一切的根本本身。因此，教理之人應該說：「主處就在您的內在心處，所以應該在內在尋找，不應該向外尋找。」並且，不論是信仰基督教還是信仰其他宗教，想要生活得有意義，就不要因信仰基督教，或信仰佛教、伊斯蘭教之類的小事而分成派別。

信仰宗教是為了成為懂得自己根本是空，因而謙虛並廣施慈悲的人。如果只是來來去去於寺廟，敲一敲木魚、拜一拜佛、唸

一唸經、談一談理論的話，去寺院還有什麼意義呢？看一看如今各階層的信教形態，大部分人都是那樣。

5) 佛教不是商標

我所存在本身就是佛教，我所生存的本身就是佛教。有著永久的生命、能顯現且運轉著的現象，便是佛教。佛教不是貼在特定之物上的名稱，而是真理的本身、是宇宙包羅萬象運轉之法的本身。

佛教是永恆的真理。「佛」是永恆的生命。再者，不論是無為世界還是有為世界，不管是靈界還是現世，全部都連結在一起，並可以用語言、用心與心來傳達和學習的便是「教」。因此佛教不是被局限在某一領域的宗教。

佛教就是佛教。因此沒有必要把佛的教誨，像其他宗教的教誨那樣背負著生活。只要實踐即可。

春來百花盛開，秋至落葉結果，這道理就是佛教。

一切既是佛陀之法，也是我們的法。因此佛陀之法、我們的法，並不是各自獨存的。現在的法、過去的法，也並不是各自

獨存的。只是佛陀先悟出了這廣大的法並教導我們：「你們懂得了此理，就生生世世成為自由人了！」如此而已。

6) 一拜成為三千拜

一切生活已經是佛法的實踐，何需另外坐下來參禪、念佛，何需做千拜、三千拜呢？聽說有人把家庭生活也棄之一旁而忙於祈禱、禮佛。佛陀之法是宇宙森羅萬象運轉的廣大無邊之法，難道是用那種暫時的努力就可以悟得到的嗎？

堅信宇宙三千大千世界在成為一體的同時，以千差萬別之形態顯現、運行之道理，並付諸實踐之時，才會有功德。如在佛壇上供上一碗飯，沒有「是我做的」想法，而是帶著與一體一起做的念頭而敬上，才會成為真誠的供養。如此獻上的供養，才會成為世上的一切生命都能享用的共食。有如此成為共食，才能成為如來功德、佛陀功德，否則是不會成為功德的。不僅僅是共食，還是共用、共心、共體，所以是共生，又以此心實踐，所以成為了功德。

說是要「進忠百日」而固執與平日有別的生活，且又疏遠家人，那麼難道是說沐浴齋戒，挑明燈光就能夠使心靈清澈、光明磊落了嗎？吃了齋飯就能與道相近了嗎？夫妻生活疏遠的話就能夠實現什麼了嗎？

有人認為，沒能在佛堂前獻上很多香火錢的話，心裡就不會那麼舒服。但問題並不是在於錢的多少上。即使只放了一顆豆，若是以一切並非為二之心所放的話，那麼，此豆不僅能使一切萬物眾生都能夠享用，而且豆本身也絲毫不會減少。相反，如果認為多放才能種更多的福的話，反會成為令人不快之事。

香，也是以我的心香最為珍貴。如同點燃香火，佛堂內就會瀰漫起濃鬱的香氣一樣，我的心香也是如此繚繞宇宙的。

我曾見過，平時熱衷於尋找釋迦牟尼佛、阿彌陀佛、觀世音菩薩的人們，在亂世之中，都為了保全自己而不顧佛堂的佛像，只顧著自己逃命。如果是賜福之佛、免災之菩薩的話，就應該更好地供奉才是，豈能棄之而逃呢？即使是倉皇而逃，不也應該負之而逃嗎？如果說那只是形相而弃之不理，只顾自地逃命的話，当初又何必去佛堂对其祈求呢？

五體投地地去叩頭，是在降低自己來學習平等之道理。不是因為佛陀位高才需低頭，而是因為連那微生物也與我非二平等，所以才是低頭的。連最低微的東西也是與我平等的，所以把自身降低到最低的程度，從而顯示為一心。因此，即使只做著一拜，但若抱著至誠之心，自覺地降低自己的話，其一拜就會變成百拜、千拜，乃至三千拜。

我們不是向佛陀或和尚叩頭的。因為不但沒有拜的對象，也沒有膜拜的我，所以叩頭就是向我的根本叩頭。此叩頭之意是指既無受拜之形相，也無進拜之形相。

運心之理若受時空限制的話，就需做三拜、一百零八拜、三千拜，但因我心的根本與萬物萬生的根本直連而歸於一心，因此一拜便能成為三千拜。

每當產生念頭之時，便是佛陀來到之時，難道只是在某時點亮了佛燈就罷了嗎？我心中的佛心片刻不間斷，才是真正點亮了佛燈。

即使拿出數萬兩錢點亮佛燈，如果說是在祈福的話，便不會有絲毫的功德。

有道是把佛燈點亮百日、千日，難道只想生存百日、千日嗎？再說，此地球、宇宙，難道只運行百日、千日嗎？我們得分秒不停地點著燈。我們應該點明的不是物質的燈，而是「心之燈」。

以心去點亮的燈，不論如何風吹雨打，都不會泯滅。但只以物質性燈點亮的燈火，只要風雨一吹就會滅掉。如今的燈是用電來點亮的，所以一旦停電也會滅掉。但心燈，不論停電還是風

吹雨打、洪水氾濫，都不會息滅。諸位的心燈才是真正的燈，拿錢買來點亮的並不是佛燈。

如果說我在禮拜、祈禱的話，是在向誰禮拜、祈禱的呢？如果說有什麼夙願而點燈的話，又該是向誰點亮的呢？該向自己、向「自己的主處」，即向包括全體的「根本處」點明。是向自己內在的佛陀點明，而不是向外面的佛點明。

7) 以心念經

學習佛法的人，不應該在文字中尋找路，也不應該在形相中尋找門。經典裏無路，形象裏無門。而應該在自己的心理尋找「無路之路」和「無門之門」。

若要從理論上去弄懂佛法之理的話，用上十年、二十年，或是終生努力，也是很難的。經典何其多，其內容又是何其多樣呢？學習理論的過程中，一旦「脫掉肉身」的話，便一無所有。所以，此修行應該是從生活中直接入門的修行。只有如此，才能在有生之時發現自己是誰，才能夠「生而涅槃」。

學經、念經也要與心修結合才是。如果不知此道理，認為只要念經就能萬事大吉的話，是根本不可能領會佛陀真意的。

即使把佛陀的教導像鸚鵡學舌一般倒背如流，佛陀也不會高興。即使把佛言倒背如流，也不一定能懂得佛法的真諦。佛言是使我們瞭解世上的道理，而不是指示我們背誦他的教導。念了幾遍金剛經、華嚴經之後，認為我已懂了這麼多，已經可以的話，那可就大錯特錯了。請仔細觀察一下一年十二個月的運行吧。此世的變化和運行的現象便就是華嚴經。

如今的社會，讓人見得多、聽得多，而且見識廣闊。也正因為如此，修行起來是非常難的。過去，只要是高僧給了「話頭」，都會堅信而用功，但現在的人過於機靈，即使是給了「話頭」，也因「知識」太多而不會取得什麼成果。只是要小聰明去觀察現象界的道理，何以能弄懂「心法的道理」呢？要以在別人看來似乎有些癡心的程度無條件地勇往直前才行。

釋迦牟尼佛陀之後，出現了無數的高僧，開示了無數的教誨。單憑佛陀一輩子的說教，就已經典如海，而又增添了那麼多的教說。因此，作為一個普通人，哪怕只是瀏覽題目也是夠吃力的。當然，其內容是在一心熱愛眾生的感情基礎上，賜予的甘露之法。然而，由於內容實在過多，所以想學完以後再實踐的話，就會猶如啟程以前日已落山。況且，如今的生活環境比過去複雜而緊張。因此就需要更加簡便且能夠直接實踐的修行之法。

即使掌握了不少理論知識，且能運用一點，也不過是「講讀」而已，不可能成為「法言」。這是為什麼呢？ 因為這並不是實踐之法。因此，不要輕信別人說什麼，應親身體會才行。沒有親身體驗，只道經傳上是如此說的，或是聽誰說是這樣的話，雖說是修行，也不過是以修行爲藉口虛度年華而已。所以，此修行，愚笨者也許會更快，因為他們會堅信而直入，所以不會走彎路。

如果向沒有在生活中體驗過的人問道的話，充其量得到「聽說是這樣」的回答。但是，體驗過的人不會說：「聽說是這樣」，而是會說：「是這樣」。也就是說，可以給口渴者「餵上一杯水」。

看、聽、背而掌握了不少理論，有人要問的話，也能回答如流。然而如果不能做成自己的東西且加以實踐的話，就會像翻過身來的烏龜一樣，不能夠正常爬行，只是亂蹬蹬腿而已。然後被直接落入下天世界裡。

歷代的祖師、大師們下了網，該網既是妙方，也是真誠的教誨。它絕不是模仿或玩解意的對象。然而只學了一些技巧，便學著祖師的腔調說：「本來無一物，何處惹塵埃？」的話，是大錯特錯的。只有親身體驗了的人，才能夠那樣「說」，倘若沒有感受過的人如此做的話，即使經歷過數億劫也難以擺脫鸚鵡之身。

人們常常尋找更加分明的修行之法或體系，希望有「此就是此，彼就是彼」的經緯分明的東西。但是，「佛教」裏的「佛」是永久生命的能源。「教」是顯現的道理，並沒有與此區別的修行方法和體系。我們如此呼吸、生活的本身，是佛法，也是禪修的方法。而且是在日常工作中，或在呼氣、吸氣的交叉路上發現真我的修行體系。所以說，在吃飯、睡覺的日常生活中，也能發現真自己。脫離了生活，就不存在真理與修行。

提問的同時，一拍即合的就是禪的道理。用想法編成的「答案」，只能在日常生活中看得見的世界裏行得通，但在看不見的世界裏是絕對行不通的。例如，在虛空中立了根柱子，那就是立了根柱子；翻過來放了的話，也就是翻過來放了而已，沒有什麼可加以遐想的。因此諸位要瞭解此道理，就不能借助於動腦筋去瞭解，而必須以心去做。

我們現在反覆地強調科學，但應該打破其科學，才能夠出現真正的科學。如今的科學一向具有一分為二的傾向，執著於物質界，也正是因為如此，才被固定在固有的觀念之上，沒有進步和發展。拔掉其固定觀念之釘，只有解體其固定的觀念，才能夠湧出「真正的科學」，以應付千差萬別的現象。

3. 實踐修行，體驗修行

1) 佛陀之果不如我果

即使佛陀悟到，那也是佛陀之悟道，卻不是我們的悟道。即使我的旁邊有多麼好吃的水果，如果不知取而食之的話，也是無用的。如同竈臺上的食鹽只有放入鍋裡才能調味一般，如果不去實踐、經歷、品嚐的話，則沒有任何的用處。

癢的時候，只有親手去抓，才會最舒服。

有人會說：「佛陀之法，既莊嚴無比，又廣大無邊，何以叫人在生活中實驗，自覺地品嘗？」但是輕視了自己的生活、自己的肉體、自己的心，還能在何處為誰去尋找什麼呢？

身為佛門弟子，即使認真地參拜寺院數十年，一般的經典可倒背如流，但「口渴」之時，若不能「親手汲杯水而飲之」，這期間的努力又有何用呢？雖說知道很多東西，但不會自己「食用」的話，就不是道了。

在此繁忙之世界絲毫不停地超越時空、非固定地運行著，何以能說做事是一回事，修行又是另一回事呢？如果做事與修行是

兩回事的話，又如何在生活中修行呢？一時也不得空閒地扶養孩子、照顧家庭、幹這個、幹那個以後，合眼幾個小時，一天二十四個小時便如此流逝。離開了生活，真理不會存在、參禪不會存在、佛陀不會存在、眾生也不會存在。

沒有自身和家庭，怎會有宗教呢？說實話，諸位信仰宗教不是爲了做事順利、身體健康、家庭和睦、生活幸福嗎？所以，不論有什麼樣的事情，若疏忽了日常生活中的義務，是絕對不行的。

不要認爲，佛法是離開了我們的生活而單獨存在的。沒有了我們，佛陀何以存在？沒有了生活，佛法又何能存在？佛陀與我們並不是分開存在的。我們的心便是佛陀，佛陀的心也是佛，所以成爲一心而做事。雖然我們本是佛陀，但由於沒能治理體內的自生衆生，所以才被稱之爲衆生。佛陀与众生本来是同在共生的。

脫離了生活，便沒有我；脫離了我，生活也就不存在了。因此，其生活的全部，從我的誕生、死亡、生存、日常生活到國家運作，所有的一切都是佛陀之法。所以希望諸位都應用此法。我希望諸位在生活中發現樂趣與幸福。若想如此，就應該先瞭解「自己」才行。只有先瞭解了自己，才能瞭解三千大千世界。並最終會明白一切非爲二地一同運轉之事實。

自己沒有體驗，點不亮內在智慧的光，所以只能依靠他人的學識，知識和想法。那樣的人既不能成為大丈夫，也不能成為真正的自由人。他生活的不是自己的人生，他說的不是自己的話，而只能轉達別人的說法。這樣，他的生活也會很自然地隸屬於別人的知識與想法。因此，當然沒有托生為人的真正意義，也說不上是佛門弟子了。

因口渴而喝水時，你們是在向自己下達命令去「喝水」嗎？並非如此，而是非常自然地、欣然地喝水的吧？做參禪時也應該那樣自然。佛法就存在於那樣的「自然」之中。

2) 如果不會喝一杯水的話

假如說，我面前放著一個水杯，並且我對此水杯非常瞭解。 材質是什麼、重量是多少、杯裡的水量有多少……即使瞭解得多麼透徹，但我口渴得要死，卻不能自己伸手拿杯子喝水的話，這些知識都是毫無用處的。那樣的知識，雖然博大，卻不及伸手喝水（這一行動）。佛法不是「有關喝水方面」的知識，而是「直接喝水」的道理。佛法就是真智慧的道理。

例如，我感到口渴時，不會汲水而飲，也不會汲水給他人的話，則不能說是道。再者，感到口渴，雖然拿杯汲水，但如果不會喝的話，也不是道。同理，不能汲水給他人一杯的話，也

不是道。只知道千里之外放著水杯的事實又有何用？現在口渴得要死，如果不能馬上取而飲之的話，也說不上是道。如果說不能馬上喝水，就不是大徹大悟。

別人家的白米飯，不如我家的玉米粥。

一棵樹，是其根使其開花、結果，使其具有多種味道。自己樹上的未熟之果，摘取下來，將無法食用。修行也一樣，需堅持到熟透才行，這時方會嘗到一萬種的滋味。

躺在柿子樹下張著口的話，熟柿子會自動落入我的口中嗎？經常拜佛祈求「佛陀啊！請賜福於我吧！」，福就會自動地落到自己的面前嗎？如同我必須上樹去摘，才能夠放入口中食之一般，如果真正想得到幸福，就不要只講理論，而應去實踐。必須按照佛陀的教誨準確地修行。

蓋房子的材料能夠說得爛熟、藍圖也能看懂，但不實際建房的話，又有何用？雖然擺著山珍海味，但不能食之，又有何用？

明知海底鋪滿了珍珠瑪瑙，如果不跳入就無法挖出。如果無法挖出的話，雖然明知海底鋪滿了珍珠瑪瑙，又有何用呢？

僅僅「知道是那樣」還遠遠不夠。「大師！根據我的知識，人生在世，等到了前有絕壁、後有懸涯之時，才能修行……」這

種想法是錯誤的。「根據我的知識」是錯誤的。親身去實踐、品嘗而懂得的，才是真正懂了的。

3) 目今未明，死後焉懂

佛陀曾教導說：「作爲人來到了此世，必須要相信你自己、瞭解你自己，弄懂這個道理。」這句話提醒著我們：活著的時候要上求菩提，下化衆生。

如果現在是「黑暗」的話，死了以後也是「黑暗」；現在是「盲人」的話，死了以後還是「盲人」。有多少算多少，現在在此處就能品嘗的才是重要的。

即使今天晚上就要蛻身，明日地球就不存在，但現在也應該植樹，使果實成熟才是。如果不能品嘗到自己樹上結的果實，那麼到了何處也得不到一粒果實可吃。

如果沒有「現在」、「此處」的話，是不會存在「其次」的。如果到了明日的話，明日就是今日了。因此，今日便是永遠的今日。也正因為如此，現在此處也就成了「永遠的」現在和此處。

昨天做的事情、剛才做的事情、現在做的事情、明天要做的事情，都是現在之我的事情。不是嗎？年輕時的我、現在的我、未來年老後的我，不都是現在的我嗎？過去、現在、未來都是包含於現在之中的。因此，不能瞭解現在的我，就不可能打破過去、現在和未來之心。只有在此處瞭解到現在的我，才能夠瞭解過去的我和未來的我。因此，如果現在一無所知，也就永遠一無所知。

「過去的歲月」很長，而「現在的這一瞬間」卻很短吧。因為過去也許是數百年、數萬年，但現實只是一剎那。但因把過去的因果之業障，統統在的現實之中背著，所以一個念頭或許可以處理五百年的業障，也許會處理一千年的業障。因此，在一剎那，以一個意念，可洗淨陳年的因果之業。

雖說修行了十年、五十年，但由於心超越了時空。因此，一日的修行也可超越五十年的修行。人們常常以時空來論修行了幾年，做了幾回什麼等，然而，心之道理上是不存在時空的。

若沒有此身、此形，就不會存在與對方的接觸。如果沒有接觸，也就不存在可視、可聞、可學之物。重新獲得肉身之前，因彼此之間不存在區別，故不可能多學而進步。所以，生前應學會「心」之道理。

存在的只是「現在」與「此地」。我們應該以默然的腳步，認真地度過現在的此瞬間才是。不要在乎修行得好壞，也不要管根基的高低，而要以清醒的姿態專心用功。以不爭成佛之心和毅然決然之態度，唯有放下觀之，並繼續進行。

有了今天，才會有明日。如果在現實中沒有播種，明日當然不會有收穫。那麼，今天皺著眉頭在度日，還要盼望明天會有喜事嗎？今天，若我的心是天國，明天也就會有天國。有的人可能是為了來世要極樂往生，才去求神拜佛的。但釋迦牟尼佛祖從來沒說過「今天，你身載重負四處奔波，以後就去極樂世界吧！」只有現在卸下重負、身心輕鬆，接著才能夠過上幸福快樂的生活。

孩兒不想學走步，「反正成人之後自然會走的」，因而偷懶的話，此人最終連站也是不可能的。此修行也是一樣的。活著時，應該馬上開始邁步才是。死了沒有肉體，想學也學不了了。

雖然我們托生於世、成長爲人，但是不一定所有的人都能夠見到真我。就像母雞盡心竭力地孵卵雛雞才會破殼而出一般，我們也只有堅持不懈地用功修行，才能夠見到真我。

4) 如同母雞孵蛋

應該以聞電閃雷鳴也絲毫不動的穩健步伐向前邁進才是。應該以默然而沈重的步伐往前走才對。急燥也不行，自欺欺人也不行。聽說此修行很不錯，所以也想試試更不行。如同黃牛之步可行千里一般，一定要穩重地邁進才是。

「有道是人人都有佛性，到了時候自然會成佛，何需如此用功？」如果這樣的話，是連一步也邁不出去的。

若要種子發芽的話，必須把種子撒在土裏，並且要澆水。把種子放在桌子上，不論凝視多久，種子也是不會發芽的。佛性也一樣，雖然誰都有佛性，但不修行則無法成佛。

如同新水不斷流入，從而沖走積水一般，在我們的心中，也必須讓泉水不斷湧出，使積水流去，只有這樣心中的佛燈才會明亮。心中的佛燈明亮了，我也才能生活得光明磊落，也才能引導他人走上光明的道路。此修行，必須要持之以恒、堅持不懈。

人們往往在患病之時、事業無成之時、面臨憂患之時、才會感到生活無望、人生過於空虛。然而，修行之人，越是這樣，越是要咬緊牙關，下定「此為何道理，我一定要弄清」的決心。

修行者的覺悟一定要如此才行。逆境到來之時，才是修行心法的好機會。

此修行，正是自己煮飯自己吃。用微弱的火是無法煮成飯的。若在竈口來回抽動火的話，只能吃到半熟的飯食。認為「佛陀之法，豈有做與不做之別？」或「皆為空，還需何？」連點燃都不想做的話，那只能咀嚼生米了。

我們知道母雞懷卵孵化之時，要給蛋加溫且均勻地翻滾。蛋溫過高、過低都是不行的。只有使母體溫暖的體溫均勻地傳至蛋上，才能及時孵化。同理，修行如果失重也是不行的。過於急躁不行，過於懶惰也不行。要很好地掌握來去的境界，以中庸之理前進時，修行才會成熟。

攢木可以取火，但若半途而廢，頂多只會手疼並冒出些煙霧，是不可能生起火來的。古語道，「半途而廢，莫如不行。」

放下一切，就是不留漏縫地趕而入之。趕進之時，應如同擠奶，四處加力，最終無處可出，才會集中在一處破孔湧出。但如果有漏縫的話，就會四處流泄，永不會湧出。

有人道：「就算挖井也要堅持挖一個洞井。」如果這裏挖一個洞、那裏挖一個洞的話，是很難見到水的。要以不見泉水不罷休的毅力，頑強地行進才行。

有人說：「開始的時候似乎修行有成，以後就沒有什麼進展了。」這就像中學畢業了，就應該升入高中，但因不想升學，對中學的課程已感到滿意，只想停留那兒的一樣。若要發展，就應該經過高中、大學，最後升入研究生才是。不僅心修如此，人生各方面皆如此。

砂石之地如何？荊棘之路又如何？懸崖峭壁如何？陷阱又如何？佛陀曾教導說：「誰都能脫離那樣的苦海。只有毫不猶豫地向前邁步之心，才能夠修行此心法。」

5) 只有中心軸正

若不插好石磨之軸，即使放入了穀物，也不可能正常磨出。心修也是如此。只有豎正中心才行。

修行只在外面轉遊，畢竟不能入定。如果心的中心，即「心軸」不能完美地佔據位置，就會發生各種問題。每一個內外所面臨的境界，都會產生憂慮，並會變得驚惶失措。

如同貓視鼠洞時，一動也不動般，應該那樣凝視出入一切的我的根本才是。

坐禪之時，如果盲目地席地而坐的話，就會腿痛、腰酸、打盹。這又何必做呢？既然入了坐，就要心想「主人空！如果你存在，就請現身吧！」如此注視著的話，就不會感覺到時間的流逝，也不會感到困倦疲乏了。

如何做才能遇到數億劫以前的我呢？如何才能使我重新「投胎誕生」呢？不論是在辦公、燒飯洗碗，還是在看書、聽說法，「若真有，就請證明吧！」並且請刻骨地觀之。如果能這樣做了，日常生活中的一切就都將會成為引路者。

「我回顧自己也弄不清，冥思苦想也無法弄懂，我到底是什麼呢？」「主人空倒是可以承認，但你的真身是什麼呢？請回答！請現形！」這也可說是一種「觀」。就算是現在還無法找到答案，但如此觀下去的話，也能算作是抓住了門閂，所以最終還是有望免於沈淪的。

如同啄木鳥在啄樹洞時，以一較不是嘴碎就是樹穿之勢，毫不退讓一般，若想要洞穿層層疊起的業障之壁，就必須經過不懈的努力。

面壁不是指面壁而坐。樣子雖然如此，但指的是為了發現自我而觀看的坐式。因此，面壁也可稱為壁觀。達摩的面壁是在告知生了孩子以後，應使其健康成長的道理。

把自己心中的主人比喻為「父」，把現在的自己稱為「子」。只有父與子相逢，才能自由往來於「無為世界」和「有為世界」進行修行。

父親不論何時，都始終盼望兒子歸來。歸來的路上是沒有任何障礙的。如果有的話，那是在於兒子自己不想回來。若如此，盼而又盼的父子相逢是不會達成的。父與子，原本雖不是兩個，但只以現實的子為「我」，所以就成了兩個。

若不完全放下的話，是無法父子相逢的。有道是「死了才能見到你」。固定著的觀念不死、我相不死的話，怎能看到真我呢？照舊帶著至今的生活習慣，不論如何努力，也不會與現在有何不同。只有拋掉執著之心，才能夠開啟對付所面臨的病苦厄難之路。拋棄就會有獲取，不拋棄是不會有任何改變的。

父與子，本應是同在的。如同佛珠一般，是串在一起的，所以我們的肉身才能夠活動。然而，由於不知此理，才說應該相逢。本來，在無言、無名之中，父與子在自動地相逢著。然而，由於把父與子視為各自獨立存在的兩個個體，所以兒子才把父親的妙法忘得模糊不清。

如果從過去就一直存在的我的根本與現在的我不能相逢的話，就不能「懷孕」；不能懷孕，就不能生子；不能生子，就不能養子；養不成「真人」，就不能成為自由人。

即使生了孩子，他也並不是成人。只有「孩子」健康地生長，成人之後能夠通情達理，瞭解到在現實中「非固定地運行著的空的道理」，才能夠達到最高境地。到了那時，才可以稱之為成佛。

第 5 章 : 跨越觀念之壁壘

1. 放下而走的生活禪　1) 沒有時間問「是什麼?」
　　　　　　　　　　　2) 放下是不講理由的
　　　　　　　　　　　3) 放下而觀之，就會知道
　　　　　　　　　　　4) 主人空不是「對象」
　　　　　　　　　　　5) 除去我相
　　　　　　　　　　　6) 直入的生活參禪
　　　　　　　　　　　7) 唉! 從現在起放下走吧
　　　　　　　　　　　8) 要無礙地放下

2. 放下一切而獲得一切之理　1) 我相是萬禍之根
　　　　　　　　　　　　　　2) 被關進自建之獄
　　　　　　　　　　　　　　3) 空出、休息、放下
　　　　　　　　　　　　　　4) 煎煎爐火解我苦痛
　　　　　　　　　　　　　　5) 若能放下，極苦不存

3. 生活中如何放下　1) 來一個放下一個
　　　　　　　　　　2) 爲我佈施
　　　　　　　　　　3) 勿斷順緣
　　　　　　　　　　4) 微物也是有資格才得以托生的
　　　　　　　　　　5) 心成一體，愛深其內
　　　　　　　　　　6) 真正的放生和超度

4. 人生不是苦海　1) 苦為業識的遊戲
　　　　　　　　　2) 一切境界都因我
　　　　　　　　　3) 播種者該收穫
　　　　　　　　　4) 清洗錄音帶
　　　　　　　　　5) 處處都有修行的材料
　　　　　　　　　6) 人生不是苦海

1. 放下而走的生活禪

1) 沒有時間問「是什麼？」

讓你弄清「我是誰」、「從何處來，往何處去」，諸位就坐下來就想：「行為的主體是誰？」「視、聽、吃、喝的是誰？」然而，像如今光明的世上，就不應該那樣問「是什麼？」而是要說「已經知道是你在做，所以就由你負責吧！」然後跳躍過去才是。並非說「是什麼？」是錯誤的，而是說，在如今時時刻刻變遷的時代裏，不應該拿著當然的問題故意傷腦筋，更不應該磨磨蹭蹭。道一聲「主人空！」裏面也包含著「這是什麼？」，所以請直接進入。在稱「主人空！」的時候，就不應該懷疑是從那裏出入一切的事實。若要懷疑的話，就等於後退至「是什麼？」的程度上，反而會變得更慢。

不論是做著、站著、睡著、醒著，始終應該堅信這些都是主人空在那樣做、那樣操縱著，而且應感到感謝並堅信此道理，這便是參禪。

若是知道西瓜裏有西瓜籽的話，就應該接受這一事實而入門才是，難道還需要探究「是什麼？」的疑問嗎？種了去年的瓜籽而結成了今年的西瓜，其瓜中又有瓜籽並能再次播種，那麼只管剖而食之便是了，難道還需要問「這是什麼？」嗎？

請仔細觀察此身體的構成與作用吧，的確很奧妙。若要瞭解我自己本身，應先懂得讓我存在的我的根本，又何以去抓住別的呢？此身的出生就是話頭，而且我的生存和生活本身就是話頭，除了這些自然話頭以外，爲何還要增添人造的話頭呢？

我來到此世的事實本身就是話頭，所以也就不必再添加另外的話頭了。以往大師們讓你看話頭，是爲了讓你去研究你來到此世的緣由。然而，最終話頭本身倒成了話頭，反而帶來了弊端。捧起話頭，唯恐其中斷而戰戰兢兢的話，即使過了十年、二十年也不能夠瞭解自己。

在說和行動之前，會有所思，那麼産生念頭以前的世界是什麼？起心之前又是什麼？不僅是正在思考的、現在意識的我才是我，所思之前的我也是我，然而不知此理的不乏其人。因此把這作用的一切稱之爲「主人空」而統統放於此的話，就會顯露出起心以前的我。生活在如今這樣繁忙的時代，想要一邊東奔西走，一邊修行的話，把一切統統放於主人空便是最快的修行之路。

我們的最大病痛，便是「現在意識的我便是我的實體」之類的「固定觀念」。正因爲如此的固定觀念，自己的根本，即「本來的面目」才被掩蓋而無法顯露。所謂無條件地信奉主人空而託付給它，就是儘快除去「假我」而後見到「真我」的意思。

如果把我之觀念，即為我相、我慢、我執之類的觀念放下而生活下去，那麼「真我」就會忽然顯現。

2) 放下是不講理由的

我一直強調著這一點：「無條件地放下吧，統統放下吧，把一切的一切都放於一心主人空吧。」有些人跟我說「師父只會說放下」，但我還是要再說「要堅信自己的主人空，把一切放回至原位。」由於此理過於簡單，所以不在意者也不乏其人，但看似簡單的此路，才正是大家所盼望的幸福之路。

讓諸位把一切放於「自己的根」上，卻問如何放下，說不論如何也放不下。為什麼呢？那是因為缺乏對自己的根本存在的信心。

如果豆芽要去尋找豆種的話，到何處去才能尋得到呢？該退回到過去要求其顯現出原形？還是要求其給出名字呢？過去存在的豆種已經化為了現在的豆芽，所以已不再是兩個了。但是不知此理且不信，所以才成了問題。正因為如此，如果說「放下一切！」，於是尋找放下的位置、尋找名號，盼望他人替而行之。我們應該相信「化而成一」之道理，並能夠做到「你看著辦吧！」。

放下是不講理由的，是無條件的。是有什麼就放什麼的，知道的、不知的、幸運的、不幸的、苦難、病苦、成功、失敗……不論是什麼，都應該放下才是。雖然有些事情不盡如人意，但那也並不是一成不變的，所以要相信「敗者是你，成者也是你！」而託付給它才行。要把心空出才對。

假如說，樹葉被風吹動而搖曳之時，我在擔心著它是否被吹落的話，能夠因擔心而使風靜止嗎？並且會因擔心而得出一輩子都不落的妙法嗎？樹葉應該無條件地堅信自己的根才是。因為是在靠根而生存，不論自己有多少想法，也應該相信自己的根而把自己的一切託付給它才是。

「嘿！反正是死一回，難道能死兩回嗎？」這樣的人，能比較容易地度過一般的逆境。唯恐不順而戰戰兢兢者，雖然努力，但仍以不能如願者居多。此類人，大多會說「放下不是那麼容易的」或是「我就是認真放下也不行」。這是因為對自己根本的信心不堅，雖然口頭上說了放下卻不能徹底放下的緣故。

絲毫不必擔心。雖然把一切都放下，諸位也不會死去，更不會消失。若把一切都放下的話，永恒且無限的真實，反而會顯現。因此，這又是一件多麼堅實可靠的事情呢？只要堅信即使我們死了千萬次，也終究不會死去的「我的根本」，即「主人空」是我們的真面目的話，也就絲毫不必擔憂了。

若要點亮電燈的話，先得插正插頭。若不如此，只是口頭上說「插電源！」，是必然無法免去黑暗的。

如果對自己根本的信心不夠透徹的話，即使在修行過程中，也會因苦悶而碰到障礙，使修行不能進步。雖然不論如何放下和觀之，都不能釋然且常常心中生疑，但是更不懂得破疑之法。這是因為對自己的信心不夠堅定，所以自己以為「相求之法另有所存」。若是當修行者的話，就不應該埋怨環境、埋怨師父，更不應該讀這本書、翻那本書、東張西望，而應該自覺地檢驗自己的信心才是。說是該堅信且放下而託付給它，那麼就應該自覺地回顧是否已經如此。

3) 放下而觀之，就會知道

所謂把一切託付於主人空，是指放下而觀之，並不是為了要得到解決而祈禱。更不是指「相信主人空並託付給它的話，就會萬事亨通」。而是指所有的東西本來就如同螺旋槳一樣在沒有固定地旋轉，因此當然沒有「我做或由我來做」之說，所以才讓你放而觀之。放下而觀之的過程中，我只產生「一個意念」。例如，「該怎麼做為好，因你最清楚，所以你看著辦吧！」或是「所痛之事是你所為，難道治癒之事就不是你的事了嗎？」而產生一個意念之後觀之而已。也就是說，是在輸入

一個意念，若如此輸入，就會在此「自動運轉的電腦」裏輸出什麼。因此，注視其輸出便可。

不要乞盼代行，把一切放于根本而觀之，就會熔化舊習、化解業障，迎來發現自我的真正的修行契機。

有了我之後，宇宙才出現。所有的一切都是由我而產生的。我是一切的中心。因此離開了我還需要另尋什麼呢？只有唯一的我。應該知道因我而出現了宇宙之事實。這也是對自己的根本主人空的信心。放下而觀之，並不是注視其結果，而是凝視一切都是「主人空之顯現」的事實。

所謂「觀」是指以帶著信心而放下並注視。堅信「主人空，只有你能做到」。把一切託付於主人空而觀之、實驗之，才能夠知道其「滋味」。

如果希望我的根本一心主人空能為我做些「什麼」而觀之的話，並不是做真正的「觀」。只要堅信一切都是主人空的顯現並靜靜地凝視，才是真正的觀。所以讓你不成的放下，成的也放下。在此過程中，是一定會有所體驗的。

有人會心想「把一切都託付於主人空的話，我還需做什麼？」因而心存疑懼。雖然主人空與我是分不開的，但爲了說明的方便加以分開的話，可以區分爲「現在意識的我」和讓此「意識

的我」能夠存在的我的根本——即爲「永遠的我」等兩個我。「觀」就是「現在意識的我」把一切託付給「永遠的我」並注視著。這樣的過程反復下去，形成「現在意識的我」的業識融化並與「永遠的我」融合成一體，從而知道了真正的我。

讓諸位把一切都放在根本之處，卻有人說放不下去，爲有此理呢？誰擋住你們了嗎？放下的是自己，不放下的也是自己。都是由自己來做的。不論是哭是笑，不論高興還是不高興，其原因都是自己。以我爲中心發生的一切事情，不要對其來龍去脈而大傷腦筋，只要簡單地從自我出發即可。應該細想一下這一切是誰之所爲？並且是從哪里來的？

4) 主人空不是「對象」

所謂要把一切託付給主人空是指抱持堅強的信心之意。沒有信心而託付，就不能真正地託付。信奉並不是把主人空視爲對象來祈禱，而是相信本來就由主人空在主宰著這一切的。我所說的信心是指信心之內容，而不是信心之對象。

在信奉主人空而放下，尋找主人空、託付給主人空之時，把主人空視爲能給我做什麼的對像是錯誤的。因爲主人空是讓我存在的我的根本，如果把主人空和我視爲兩個，是大錯特錯的。

稍一不慎，也可能會成爲荒唐之舉。再者，說「請為我做吧」是不行的，這樣請求的話，與依賴於他力、祈福又有何異呢？

雖反覆強調放下、託付，但這並不是對什麼特定的物件而言的。因爲本來就是空的東西，所以才要諸位轉念而託付給「空的顯現」之上。如此一來，空的真面目最終將會顯現出來。

如果說「觀之主人空吧！」，那麼就會有人撇下自己，而且有些人會認爲主人空另外存在，還有些人會以爲，只要喊一聲「主人空！」而祈求給予幫助的話，就會得到幫助。有的人認爲，這樣信奉主人空就可以了。然而，是誰信奉著誰呢？所謂的信奉，是指懂得且相信我的根本、我的運心、我身之運動都是從主人空出來的，是主人空之顯現，從而悠然而去，並不是因爲另有主人空而讓你信之的。

經過數億劫的過程，每每使我形成、進化、運作而來的就是「你」；能使我說話、思想、行動，且加以引導的也是「你」。正因爲是這樣的你，才說把從「你」那裏出來的東西放回至「你那兒」去，我只是觀之而已。「你」的名字叫「真我」也行、「主人空」也罷，「心主」也是可以的。「船長」、「根」、「父親」……叫什麼都可以。因為不論怎麼稱呼，全都是名字。

要求「給予幫助」的話，就無法熔解舊習，也不能發現「真我」。「父」與「子」也不能相逢，更無法體會與萬物眾生並非爲二的道理。

5) 除去我相

要諸位把一切放下而託付，不少人就以爲是有了放下而託付的具體地方。讓諸位託付給主人空，便以爲存在託付的我與主人空是獨自爲二的，這樣的人並不在少數。還有很多人以爲存在著「固定的我」的實體，因此以爲每事都有「我」，每事都是由「我」做的。然而，實際上我和我的根本主人空並不是分開存在的，也沒有託付的具體地方，更沒有「固定的我」。

請去掉「某人」吧。也就是說在「某人做的」語句中，去掉「某人」。去掉「某人」的話，不就只剩下「做」了嗎？只剩下「做」的，就是無住相、是放下、是空、是如如。

若諸位真正懂得了不執著於我相，也不說「是我自己之所爲」，就不用說什麼信奉、放下、託付，且自然而然地就會信奉、放下和託付。該做的事情也都能做得到，卻不會產生什麼障礙，因此也不會有什麼可羨慕的東西，很自然地就會以「空手空足」而自由自在了。

「把遇到的東西統統歸結而放於空，那麼空爲何物呢？所有的生命一同運轉的便是空。」那麼，此時是否我就不包括在其中呢？由於我也因空而一同運轉，因此要放下的我也是空，只是一心如如而已。不是有別的可放下之處，只是空而已，本來就是放下著的。由於不知此理，才有了「放下之」一說。

6) 直入的生活參禪

只要無「我相」的話，不論做什麼都是參禪。把一切託付於主人空而行事的話，那便是參禪。如果是這樣，那麼站著是參禪、坐著是參禪、跑著是參禪、想著也是參禪。如同調準了石磨的中心，不論何種穀物都能磨出一般，生活中不論做什麼，都能成爲參禪。

不是跪著才是參禪。那樣的參禪不適合於分秒必爭的現代，應該是在飲食、工作、上班、睡眠之時，自然能成爲參禪才是。

某位學者爲了參禪乃席地而坐時，有位大師卻說了如下一番話。「若要如此參禪，就不該吃飯、睡覺、站起來、換穿衣服。因爲站起來的話，就會間斷參禪，想要吃飯、去廁所不也一樣會間斷嗎？」參禪是用心去做的，而不是以身體來做的。

一天繁忙的生活之餘，哪怕是三十分鐘也好，請如此觀一觀吧。「一心主人空啊！有了你才會有我，有了我才想著你，而且能把一切託付於你。你懂得經歷數億劫而進化過來的一切，而我的現在意識卻不知這些。因此，我必須要認識你。」生成我的本身便是話頭，因此，不必再去抓其他的話頭，請如此嘗試著做一次，如此行事便可成為參禪了。

哪怕一天只有一次，也請靜下心來試著如此做一做吧。「一心主人空啊，只有你才能證明你的存在，還有誰能為你證明呢？請你自己證明一下吧。」這不僅是參禪法，也是正確進入的觀法。只要持以誠心去做，就能夠發現自己。

每日點明心中之燈，和禪並不是單獨存在的。生活中的每一瞬間，不抱持「我相」而完全放下給主人空的話，這便是參禪。身體運動、順其自然地生活其中、心不動搖、保持平常之心便是參禪。

7) 唉！從現在起放下走吧

唉！從現在起放下包袱而行吧。託付給一心主人空之後走吧！誰也沒有讓你背起，更沒有阻止你放下。這是你自己決定的，也是由你自己決定的事情。自己就是船長、就是舵手。轉個念頭，放下而走吧。

應以無條件放下為修行的開始才對。樹立起一位主人空之後，把一切、我，連同我的肉體也一起放下而走才行。「主人空！是你在做著的一切，是你在出入的一切，不論是好事、壞事，哭還是笑，成事還是敗事，都是由你來做出的？因此你就自己看著辦吧。」請如此逼著進入吧。倘若如此行事，就會產生疑問。例如，「看起來明明是兩個，卻為什麼說不是呢？非手之手是什麼？以無腳行走又是什麼意思？」等等的疑問就會不禁產生。但是把此類疑團也放下而走的話，領悟之時就將至了。最終會懂得逼的人是空，逼而放入之處也是空。

說要無條件地放下，有人就能放下，而有的人卻只是嘴上說「該放下了，該放下了……」而已。此乃不智之舉也。為什麼呢？這是因為把說要放下的本身（那個）也應該放下才是。譬如，很自然地扮演著爸爸的角色之時，被妻子「喂」地喊了一聲，就會直接轉換成丈夫的角色。這樣，應該如同在沒有扮演什麼角色的意識之中扮演著角色一樣，自然地在沒有說要放下的意識之中放下才是。

請觀察孩兒學步吧。雖然搖搖晃晃地邁著腳步，卻不會去想著摔倒了該怎麼辦。在沒有任何想法的前提下，只是沈浸在邁動腳步的喜悅中認真地如此做而已。與此相同，為了做此修行，我們也應該把生活中的一切全部放下才是。然而卻心想著「萬一錯了怎麼辦？如果陷入坑裏可不是一般的狼狽」而戰戰兢兢。也就是說，不能大膽地邁大步。被舊習所染、被固定觀念

束縛而蜷縮著不能跳躍。但是，並不是只憑著我們所知道的知識，就能夠在世界上聰明地生活。起了一個意念，就默默地去邁出一步吧！生活得好壞、能否進化而發展，都在於行動，而不在於知識。

解了一種問題，那麼萬種問題就能被解開。瞭解了我自己，就能瞭解到宇宙三千大千世界。不論是誰，只要是想學佛法之人，不，是任何想從生活的痛苦中擺脫出來哼著小曲兒生活的人，都請把從內外將至的全部境界放於主人空吧。「放下」是開啓一切通往真理之門的唯一鑰匙。

不論是任何人，只要能把生活中遇到的事應付自如，且能放下而行的話，就能享受蔥翠的人生。若不如此，並自尋煩惱，就得去經歷病苦和厄難。本來因為一切都是不固定地時時刻刻驟變和運轉著的，所以才說是空。因此說隨時順其自然地放下而行，不存在任何可抓住的東西。但是，人們卻在旋轉中的螺旋槳上釘釘子，因此苦也就伴隨而至了。

雖說把一切統統放下，但實際上不說放下也是會放下的。一切都是自空出而回至空的，何以存在特意的放與不放？即使如此，因為還是想要抓住一切束縛一切，所以才反過來叫你放下的。那是因為若不放下，不僅不會懂得自空出而回至空的運轉之理，甚至連一絲的味道也品嘗不到。

應該放棄「該學一些什麼了」之類的想法，請養成無條件放下的習慣吧。若能真正放下的話，就會噴出甘泉並能品嘗到。反之，若還抱著「我相」要學成什麼的話，就會執迷於教學、理論，最終不但不能夠體驗，而且免不了「鶴瞰我、我望鶴」，即可視而不可及之程度了。

應放下發怒、歡喜之心，放下成事、敗事的想法而行才是。應把善惡全部都放下才是。應無條件地放下才是。放下之中，參雜了「我」的思量是不可以的。無條件放下而進入之路，才是真正的智慧之路。

不論多少苦與樂，都應該統統放下才是。因苦而抓住不放，就會變成更大的苦；因喜而抓住不放，就會在不知不覺中變成苦。

上自家的板炕時，難道是提著鞋子上去的嗎？要像隨意脫鞋而上一樣，放下而行就可以了。

8) 要無礙地放下

自己不能相信自己的根本、自己不能調整自己的心，就無法果斷地放下，卻還發著行與不行之牢騷。如果自己不相信自己的

根本一心——即自己的根，那麼就沒有從無明業識的羈絆裏脫離出來的路。

千差萬別的行動、所說的話、所生的想法……這些都是出自於自身的業識，要順其自然地用心去調理而後託付給自己的根本。好的應持感激之情，不如意的應想到「只有你能做到！」而請放下。希望諸位的心都會成為能夠如此應付的心。水在流動時，遇到坑要填滿之後才可越過；遇到岩石要圍而繞之；遇到大山則要繞山而過，此便是自然之法則。與此同理，我們的生活，也依然要有信奉，託付于主人空而流去就是了。流動之中，遇到泥坑就填滿後越過，遇到岩石就繞行便是了。若怨坑、怨岩石，就不能到達大海，更不可能達到領悟之境地。

水在流動時不怨障礙，便是參禪，是放下而行之人生，是無礙之行，是遇到「真我」之路。

要過一天算一天地去生活吧。不，要以過一秒算一秒地去生活。但並不是讓你把所有的東西都去賣光而生活，也不是說盲目地生活。因爲本來是沒有我的，所以自不必去擔憂明天會如何，把一切完全都託付給根本處就行。也就是讓你把現在的瞬間生活變得更加充實。如踏著欲往之路、放下過來之足跡一般，向前邁步之時不是摸索著邁進，而是如自動邁出一般去生活吧。

有人因生活艱難，瀕臨死亡而哀求救命，這確實是一件令人焦急的事情。請考慮一下「生與死難道是兩碼事嗎？」然後把生和死的兩面都託付給我的根本吧。主人空一定會很好地守護你。此與房屋陳舊而到了欲塌之程度時，不管是維修還是重新翻蓋，主人會很好地解決是一樣的。

爲什麼我常被煩惱、妄想所折磨？我的修行爲何如此緩慢？何時能夠「悟道」？等等的想法也應該被放下而走之。此修行應該像流水一般自然才好，是萬萬不可以強求的。例如，這和多足蜈蚣在爬行之中，突然說：「喔唷，我的腿如此眾多，何以能互不纏繞而正常行走呢？」是無異的。這時蜈蚣的腳反而會相互纏繞而無法行走。若是以「無放下而放下」走之的話，是完全可以正常行走的。倘若多餘地去擔憂，反倒會適得其反。所以，在放下的時候，應該連是否可行的想法本身也統統放下才是。連對於結果的想法也必須放下。

在修行之中，即使有不盡人意之處，也應該就那樣放下而行之。錯抓而不放，認爲這樣可不行，從而焦慮和不安完全是大可不必的。那些東西也放下而走的話，不久就會回復正常。比如說，煤球正在連續地被加工出來，難道由於其中有破碎的煤球而要停機嗎？碎了的挑出來，繼續運轉下去，在運轉之中碎了的也會成爲整塊而再次被生產出來。

面對從內在產生的某種想法，或是從外部來臨的某種事時，也要放下。但覺得不如意之時，請在心裏發號施令般地試一試，「這傢夥，那算什麼？怎麼放不下呢！」這正是自己成為眾生、成為主人空而做的自問自答，不論在什麼情況下，都是從那裏產生的，而不是從其他地方來的，更不是別人可以給的。因此，有時會如同看著鏡中的自己進行對話一般說「噢，真是感謝你了。」有時也可能會說「喂，放下那個吧。」從內外發生的所有的一切，就如同在鍋裏煮粥時冒起的泡。都是在一個鍋裏的粥嘛。因此希望諸位能把內外一切的境界都放回到自己的根本。

修行成熟的人，即使遇到了麻煩，也能夠堅信「主人空！只有你才能解決！」然後就能放下而跑，所以也才沒有了擔憂。由於沒有了擔憂，心境就容易平息了。

不必因爲失去了機會而心急如焚。那也是法，抓住的是法，失去的也是法。機會是來自多方面的。失去了這班車，還會有下一趟。因此，請諸位不要執著。

我們在辦某件事情時，如果是認真考慮，正確判斷後想辦好的事，一旦辦不成的話，就難免會後悔莫及。「哎！不那麼做就好了。」然後就會煩燥得不知所措。然而，那種判斷也是從我的心中產生的，所以不該後悔，而應該向肯定的方面轉過來才是。做錯的也會成爲契機而有所學習和收穫。因此，「能積累

好的經驗而感謝你」然後要懷著感謝而知道如何放下才是。這就是「非捷徑的捷徑」。在如此行事的過程中，會因為開了「心眼」而不致再次陷入到泥坑裏。即使會有犯那麼一兩回錯的時候，若一直保持著「謝謝」的心態，就會產生自動避之泥坑而走的智慧。

「不行吧」、「很不容易」之類的想法或是倒黴的想法也都應放回到我的根本主人空。此時要知道「有什麼不行的？都是由一心主人空做的事情！」而堅決地反擊，向肯定的方向調整，然後再觀之便是。

若是遇到了急事，就應該說：「主人空！非你莫屬！」但此時不能把我與主人空視為兩個而做。在稱呼「主人空！」的時候，主人空與我已經成了空而運轉著，是一體，而不是兩個了。在說著「主人空！因為這是你的事，所以你自己看著辦吧。是你造成的，就應該由你來做！」這話的時候，請堅信非二之道理，而毫不猶豫地託付。

進入了死胡同，實在無可奈何的時候，無條件地託付便是。無論生死，把一切無條件地托放于自己的根本，並請用一心來觀之。

讓你把從內外面臨的境界故意放下之意，就是要讓你不把其視作兩個。不要把面臨的境界想成是煩惱、痛苦、是魔、是敵。因為那也並未脫離心的根本，所以依然還是我。

能否把自己的事像他人之事那樣託付而放下呢？覺得他人之事容易託付，自己的事何以能夠如此的話，那就不是放下了。對世上的萬事，即使是天翻地覆，也能夠泰然自若嗎？既然託付了，就應該那樣泰然自若才是。

2. 放下一切而獲得一切之理

1) 我相是萬禍之根

不安與恐怖是從「我存在」之觀念中產生的。如果沒有「我」之觀念的話，就不會有不安，也不會有類似于面對死亡的恐懼。

「我」不能是永遠固定不變的我。然而，我們卻以「我曾如何過」、「我應該如何」、「我將會如何」之類的觀念來固定地想著，然後便被其想法捆得無法動彈。

認爲是「自己」學之、「自己」知之、「自己」爲之，所以「我執」、「我相」便蒙住了雙眼。在物質世界形成的觀念、習慣充滿了頭腦，所以雙眼也只能看見物質。根本之根的世界、心靈的世界根本看不見，也不想去看。然而，只知去路而不知歸路，就如同半知半解一樣。若不完全弄懂兩面的作用，即使說自己都懂，也不會超過百分之五十。因此，一旦有問題擋在面前，也會茫然而不知所措。

我的所有、我的想法、我的名譽、我所珍惜的價值、我的愛、我的自尊心等這些東西把我們關入了牢籠。人們認爲只有有了這些東西，才能更好地保護我。所以，越來越想把城牆築得更

厚、更高。然而，城牆越厚、越高，我的心反而會越冷、越狹隘，我的人生也反而會更加不幸。因為這城牆並不是保護我的城牆，而是關閉我的城牆。牆壁高了，既吹不進涼爽的微風，也不能讓我享受到充足的陽光。

我的自生眾生自不必說，一切萬物也都可以一心運轉，然而人們卻不信此理，說「是因我而所為的」。因此，也就不能正常地運轉了。假設萬人合力就會輕鬆成功之事，若讓我一人硬著頭去做的話，還能夠成功嗎？也不過是累得精疲力盡、憂患無窮而已。

因事事都是共同生存的人生，所以應消除「自己單獨做」之想法。此為何呢？如果認為是「我」單獨所為、是「我」存在的話，就會常常抱怨他人、責怪對方。連自己的一個軀體裏也有數不盡的眾生在一起，那麼宇宙天下有多少眾生共同生存便不必多說了。所以說，應該先放下所謂的「我」。

所謂的「我相」，確實是根深蒂固的。打個比方的話，比那刺槐之根更為頑固。切了又切，但還在生根、發芽。認為這樣就差不多了，但轉身之際，我慢、我相就會不知不覺地擡頭。由於根深蒂固的我相在死後也仍往來於地獄和極樂，為重投新生而忙碌掙紮。所以，亡「我」之修行應該是徹頭徹尾的。稱佛陀為調禦丈夫，是因為拔出我相之根後完全征服了它的緣故。流過來的東西是自然會流走的。一切都在剎那間不停地轉而又

轉，所以不應該認爲是固定的。剎那間，意識在流動、生命在流動、物質也在流動著。固定著的東西是在任何地方都不存在的。然而還是要以「我相」而去固定，且想要固定成爲「我」的所有，最終只有苦來伴行。固定不變的只是「不存在固定」這一事實也。

2) 被關進自建之獄

諸位看不見事物之真相，這是因爲在經歷數億劫人生的過程中沾上的舊習把智慧給蒙住的緣故，如同戴上變色眼鏡看世界一樣。大家也許會說：「我可看清楚了。」但實際上，這只是在以自己的觀念所造就的成見或偏見在看著事物。因此，應該早一天把變色的眼鏡扔掉才是。

有句話說：「若分辨就不能通達。」因心者本無體而無所不通，但因爲人爲地說成是這個、那個、正確、錯誤而加以分辨建上「心獄」，因此才失去了自由。

人們自己建造心之獄，且自己步入之後，才大喊著「救救我」。但這種心獄是誰也不能代而破之的。由於是自己建造、自己進入的，所以要建者自己破獄、自己走出才是。因爲是以心去建造的，所以也只能以心去拆除。

三災、命運、業障不是實際存在的。我們的根本，什麼也不能沾附。但是由於自己想象著這些都是存在的，所以才存在。自己被自己的想象所束縛，因此才一動也不能動。

以自己的心去建造之後，爲此而操心者不乏其人。自己傷了自己而大呼疼痛者，更是不乏其人。也許認爲自己愛自己才會如此，然而卻在使自己陷入痛苦之中，難道這也算是愛自己嗎？

把「報應」視爲固定著的報應本身，也是報應。

由於沒能從固定的觀念中解脫出來，才不能從心裏得到啓發。由於被固定的觀念所束縛，所以才會被語言、形相所阻礙。因此，說虛空，就被虛空所阻礙；若說主人空，就會被主人空所阻礙。

用固定的觀念堆高牆、建牢獄，構築著銅牆鐵壁。結果被關進自造的獄中，蜷縮而不能跳躍，碰上自己建造的銅牆鐵壁而寸步難行。這樣，何時才能得以進化，從而進行創造呢？

被自家的門檻拌倒，鼻子傷了、膝蓋碎了，大叫著疼痛、痛苦，但實際上門檻本來是不存在的。

一切是在剎那間變化而轉動著的。固定的東西，哪怕是瞬間也不存在。身體、思想也在變化，一切有生命的、無生命的東西都在驟變著。因此，要想抓住那些驟變著的想法，要把這些驟變著的東西視爲固定了的想法，的確可以稱得上是愚昧之舉。本來就不存在所抓之物，因此也不存在所放之物，但因爲想要抓住，所以才說請「放掉吧」、「放下吧」。

一切萬物在不停息地、沒有時空地運轉著，在沒有所粘附之處運行著，然而自己認爲是固定了的且又信之，所以才總是被拌住和挨打。這是自己所知的固定觀念引起的。因此，即使有了懂得的東西，也必須將其拋掉才能夠走近真理。

無論怎麼說：「本來沒有固定的東西，所以本來就是放而行之的；就那麼放下而行，所以是那麼如如的；就那麼如如，因此苦和厄難是沒有立足之地的」也不去相信。自釋加牟尼佛陀教誨以來，到後來諸位大師，雖屢屢強調，還是根本不聽。雖一直說，「諸位的人生那麼如如、那麼如意。順其自然地生活，也會很幸福。」但還是不相信，這是因爲生活之中形成的習慣、觀念粘附而造成的。由於其習慣，所以對任何事情都自尋煩惱，並大喊著憂患累累。

夢中雖然追追逐逐、又哭又笑、還打仗、也能飛翔，但不能將其說成是實際吧？在夢中，我明明也曾高興，也曾束手無策，但我身卻依舊躺在床上而未動。人生便與此相同。與夢中之事

無異，沒有固定的實體，所以依舊是空。但是，由於不信空之事實，所以才不能放下。如同睜開雙眼時便會消失的夢一樣，放下便罷。然而，由於認爲自己就是一向存在的，所以才被捲入「輪迴之輪」中，肩負業障度過著輪迴億劫的歲月。苦不間斷地延續，也是因爲不會睜開雙眼所致。

3) 空出、休息、放下

所謂的放下，是指把在數億劫的過程中所積下的業障之負放下之作業，是把層層粘附在心中的沈澱物清洗掉的作業。放下包袱，便是「空出」、「休息」。清洗了心中的污垢，便是修行、參禪。

若是真正信仰的話，即使是蒼天分爲兩半，也應該能夠放下才是。只有這樣，才能熔化掉、才能脫離出來。

信奉一心主人空，把一切放在那兒，就是使從業障之處不斷湧出的各種妄想得以休息。不休息，則無法聽到「自性之聲」。

完全信而託付，便是平穩、便是休息。到了連「放下」、「託付」的想法也能放下之時，方能成爲無心。

說是把遇到的都穿透、把遇到的都吞掉而前進才是，因此在較著勁的不乏其人。但如此就能吞得下嗎？也並非如此。來小的就吃小的，來大的就吃大的。然而，若有分辨之心，小的境界倒也無妨，大的境界多有不成。因此，若想隨意吞掉的話，首先應該把分辨之心放下才是。不去顧及「此岸彼岸」、「對錯」、「好壞」之類的區分，把這些分別之心完全放下，同時把一切視為一體，才能順其自然地去吞掉而前進。

讓你除去一切執著，若你還想著「該除去了」的話，就不是除去的，反而是粘附的。所謂的除去，是指放下欲捉之想法，連欲放下之想法都放下，並生活得寧靜如如。

能使心變得平安，放下一切而休息，進而連那平安之心也放下而休息，最終連那放下之想法也能放下的話，那便是參禪、是無心境地、是三昧了。沒有了「前想」，也斷了「後念」，在連欲放下之想法也沒有的前提下能夠放下而走之之時，也不必稱之爲無心，諸位的生活對於來往之因緣便如如自得了。

妄想要斷就能斷嗎？因隨時都會想起，且又在不停地動著。若是一心惦記著要斷，反而會變得執著。因此，不需斷掉，而需放回，就是說以一個念頭而放下。煩惱與妄想，不是弄斷，而是熔化。

妄想是誰之所爲呢？若是沒有這種想法的話，進化、發展又怎麼可能？其妄想、雜念、煩惱，也是通過五官而視、聽、想的，因此是自然產生的，所以不要勉強斷掉。只需相信「那也是從我的內在產生的，就在那裏看著辦吧」而託付便罷了。

不要勉強割斷了妄想，請將其重新放回到原處吧。若是那樣，就不存在是否消失的問題，只是發生之後又消失了而已。接連不斷產生的妄想，是想要斷掉就能斷掉的嗎？是想要鎮壓、消除能夠做到的嗎？因此只要不執著於產生，自然就會消亡。

所謂的煩惱，是因爲將其稱之爲煩惱才成爲煩惱的。一個活生生的人，通過五官所聞所視之物如此之多，豈有不產生妄想之理？若是沒有忘想，就不可能成爲佛，也是不能覺悟的。之所以產生煩惱，是因爲被其想法所束縛。由於想法是自生自滅的，因此重要的是不被其束縛，而是重播。

小豆粥煮開時是一滴一泡往上冒的。其一點一滴都是同一個鍋裏的，既不是出自他鍋，也不是去往他處，所以何需擔憂開鍋呢？我的一舉一動、所想之事、煩惱及妄想之類，都是從那裏出來的粥泡而已。從那裏出來，又回到那裏，隨心所欲。請放之任之吧。不必管他，該做什麼就做什麼便是了。擔憂什麼煩惱、妄想的話，本欲湧出清水之泉，卻反而冒出了濁水。

越想消除煩惱、妄想，越是繼續產生。認爲「本來就那樣的」而放任之時，才能成爲真正的放下。若不是這樣，而是一味地想消除妄想的話，與擔心藍藍天空上的一片烏雲是無異的。

「放下執著」是言語，「斷掉煩惱」也只是言語而已。「我」本來就沒有被固定，如同如如旋轉的車輪一般。只要車軸穩固，就能夠正常地運轉。

如果凡事都以「我在做著、我在擔負著、我活著、是我的、我滅亡了……」的想法而生存的話，一生該有多麼悲慘呢！所以像三歲、五歲的孩子只靠父母生活那樣，堅信自己的根本，把一切都託付給它、依靠著它生活吧。說一聲「沒有書本了，爸爸！請給我買一本吧！」父親就會給買一樣，把一切託付給它，那麼生活就不再會那麼艱難了。

不是不讓你愛，也不是不讓你賺錢。要你拋棄的，並不是指放棄自己的生活。而是說要你堅守分寸，要不受貪欲驅使，也不執著地生活。人們往往喜歡獲取，不願失去而想抓住，但不要戀戀於此，而要應付得圓滿一些。該來時，就會來；該去時，自會去，所以既不必斤斤計較，也不必哭天喊地。

4) 煎煎爐火解我苦痛

也許有人會問都託付了又該怎麼生活。但只有如此託付之人生才會是最成功的人生。大家都會始終如一地希望生活得富裕、所做的事情都很順利，但通常事與願違，不順之事較多，痛苦也常相伴。釋迦牟尼佛陀之所以給予我們教誨「放下而生活」，是因為希望大家都能夠從生活的痛苦中擺脫出來。

若想得到佛陀庇護的話，首先要空出「碗」。「碗」以三毒填滿，即使乞求了慈悲之力，又怎能盛下來呢？只有空出，才能填滿。填滿之處，即使倒入，也只能溢出而無法盛下。

空出便是放下。放而又放的話，便會因空空而能填充無限。最終如果明白了連所盛之「碗」也不存在，那麼也就不存在填充與否的問題，佛陀之心便成了我心。

越是面臨急事，越要徹底託付給主人空，那麼不僅自己省心、事情也會順其自然地得以解決。當然，並不是讓你束手放任、聽天由命，而是要積極地去做，但要以無心去做。由於都是由「主人」去安排的，所以「侍者」也只有認真地去做而已。如此行事，便可以了。

不要執著並且把事事都託付給根本吧。若以此修行而發現了「真我」之時，便會產生真正的修行智慧，就會產生能夠隨意應用萬種法、萬種香的道理。

放下而託付，就如同給「生命樹」之根澆水。如此之修行，就像給根澆水而能使樹木茁壯生長，使樹木活得常青。最終，讓其結出纍纍的碩果一樣。我吃、別人也吃，且會讓樹木成長為取之不盡、用之不竭的生命之樹。

全部放下，就能夠全部得到。只有獲得全部之時，才能與全體共用。

若放下貪欲、我慢、我執、憎惡、愛戀之類而生活的話，才能盛下宇宙天下、才能裝入無量之功德。

雖然放下而行，但到了所需之時，就自然會有能用之理，又何必身載重負而行呢？

主人空，便是「火輪」。隨意把所面臨之境界全部託付而放下的話，就會粉碎、燃燒，連灰燼也不會剩下。因此說連業障性、遺傳性、靈界性、細菌性等一切的問題，也都會無條件地被燃燒掉、溶解掉，最終連一個也不會剩下。

如同把生鐵、雜鐵隨意放入熔爐一樣，不斷地放下而走的話，以因果報應而形成的自生眾生，就會自然地化爲菩薩。這其中，生成護法神將、守護神將也好，代藥師菩薩、地藏菩薩而爲之也好。因此，我的心舒適而美好。

若把一切都放下的話，就會按照我的想法，都以一心而相通。因此，畏懼會逐漸消失，身體會越來越健康，家庭會更加和睦，事事有貴人，因此會度過堂堂的人生。

自由人不是另外單獨存在的。把一切都放下的人，便成了自由人；能夠以無心生活堂堂如如，便成了菩薩，也就成爲了佛陀。

放下而行，就能使億劫前的舊習熔化；放下而行，無間地獄也會坍塌；放下而行，就能空出充滿煩惱、妄想的容器，如此才會顯現出「真我」。

不論是誰，在卸去心中重負之時，都會感到輕鬆無比。如此放下而行的人生，就是成爲自由的人生。這也會成爲新生的開始。

5) 若能放下，極苦不存

不要說是因爲命中注定，所以不能擺脫苦。不論是什麼樣的問題，「只有主人空！」而放下之時，地獄之苦才會坍塌。即使是火湯地獄、無間地獄、刀山地獄，也是會坍塌下來的。

3. 生活中如何放下

1) 來一個放下一個

有人說：「個人之事尚可，但公務卻不成；小事還可以，但大事可不行。」這是因爲信心不強，而且至今還沒有消去視爲兩個之分別心的原故。原本便沒有大小之分，個人之事與國家之事的區別。如果認爲是大事的話，用得大一些便是了。不論是誰，都具備材料與能力。扔掉分別之心，只要對「一切並非爲二地運轉」之道理徹底信奉，就會知道「成」或「不成」根本不是什麼問題了。

是「心」在驅使著肉體運動，所以不該埋怨軀體。牛車不走，棄牛不顧，反而腳踢牛車又有何用？假如說孩子惹了事，與其逼迫他的肉體，不如以心調理才對。每當此時，應該換一個想法，信我的主人空和子女的主人空並非爲二，把升起來的妄想放下，將該心直接傳給子女，從而自行化解彼此的癥結，並化解掉彼此的業障。能化解自己的業障，也能化解子女的報應，就能從根本上得到解決。

在家庭中，不論是夫妻之間還是父子之間發生什麼問題時，若能將心比心的話，就不會有問題了。反之，若想用語言、行動去約束對方的話，則會適得其反，很容易招來禍患。夫妻或是父子之間，都有心與心間的「線路」。因此，若是能夠一邊信

奉主人空而託付與之，一邊能始終如一地堅持心與心的對話，不順之事也肯定會變得如意。

就像常常對大家所說的那樣，不論是與丈夫、妻子，還是子女之間，即使到了已經無法挽回的地步，但若以「由於不是兩個，所以只有你才能解決」而託付給自己的根本，這樣做就等於在黑暗的房間裏打開了電燈一樣。因爲父母和子女之間的連結線路非常好，彼處之燈會亮，此處之燈也會亮。彼此的燈光都點亮了，所以說相互間是都能夠在光明之中生活的。

大家都爲了生存而過得很辛苦。我這樣說，有人會反問：「難道爲了生存可以不努力嗎？」但是，諸位不是一個人在獨自生活的。因此，一個人拼命地努力也得不到很好的解決。例如，吃到什麼時，想著「我能吃到這個東西，都是因爲有你才可以的。我這自生眾生的集合體只是當了主人空的差而已」吧。其實，這一切都是共生、共心、共用、共體、共食的，所以只要堅信這一事實而生活就行了。這樣，爲了過上好日子雖然可以不用去拼命地努力，但是也可以過上平平安安的生活。

世上萬事，絲毫不會有偏差。假如諸位恨某人而僅從心裏說：「這傢夥，咱們走著瞧吧」，那麼對方也會說：「你這傢夥，咱們走著瞧吧。」但是若從我心裏想：「這和不懂道理時的我一樣，人生在世，誰都會這樣的。因爲不是兩個，所以能促使彼此能和睦相處的，除了你還會有誰呢？」而託付給根本的

話，對方也會懺悔：「過去我確實虧待了你，對不起了。至今依然記憶猶新。」從而會以更加真誠的心來對待我。然而，有些人連在家庭成員之間也互不相讓，這如何能尋求到和睦與幸福呢？

「那個人，怎麼看也像會騙我。」「那個人欺騙了我。」「那個人在到處誹謗我。」若是如此想的話，此修行是徒勞的。若有此種情況，應把所聽、所視之事也統統放下才是。這些因為是出自於主人空之處，因此請以主人空的份放回去。其實，從「不二」的道理上來講，因為都是我，所以並不存在欺騙、誹謗。所以把「我」之觀念統統拋掉之後，若按「所聞者是主人空，所視者也是主人空。因此，主人空你自己看著辦吧。」這種方式放下，就既不會被欺騙，也不會聽到誹謗了。

我的主人空和你的主人空是相同的，並不是相異的。因此，放在我的主人空上，就等於放在對方的主人空上。因此，是一起亮起來的。

「一切都是由主人空主宰，即只有我的根才能做得到。能使你的侍者之身清淨的也只有你。」身有疾患之時，如此真正地信奉而託付的話，會通過大腦的作用通訊於四大。如果我自己沒有那樣信而託付的話，雖然是多麼優秀的醫生也無法痊愈。請相信引導我、使我健康、使我的家庭和睦、使我的子女健康成長的只有主人空，而毫不懷疑地託付。

假如說患了絕症，或去醫院或吃藥，理應採取必要的措施，但忘掉此理是不行的。人生在世，不論是孩兒、成人，終會有一死，所以不論是死是活，只要堅信「都是作爲根的你的一份」的話，也會有重新站立起來的道理。經過數億劫光年，凝聚了地水火風，從微生物進化到了現在，其主體是誰呢？「根」已經透徹地瞭解了「葉」與「枝」的狀態與要求。所以，只要相信互相連結在一起的事實，能量就會毫無保留地流動著。

您曾經想過沒有？就是說，「我不只是某人的父親、某人的兒子。因此，固定的我是不存在的！」與此一樣，世上的萬生萬物也是在不固定地時時刻刻驟變著的。疾病也是一樣。你起了什麼樣的意念，病情就會轉變爲什麼樣的。如果有病，也請把它放在時刻不停地運轉著的根本處吧。

雖然得了絕症，已經到了無法挽回的程度，該拋棄的拋棄，但還是應該好好地建好「新房子」。到了此時，別捨不得拆掉舊茅屋，很痛快地拆掉就是了。連這個事情都做不了主，那麼究竟要到什麼時候才去修行呢？新房子的主人，應該成爲抓住三羅萬象、能夠自由自在地挽救、能夠給予、能夠看和能夠聽的自由人。

即使是患了癌症，癌與我也並不是兩個。如果懂得了此道理，癌症就已經不再是癌症了。

此肉身如同跟隨自己的侍者，若想很好地使喚侍者的話，不給其治療能行嗎？侍者侍奉好了，主人才會方便；侍者患病臥床，主人何以能舒坦？爲了自己的方便，當然也是會給予治療的。然而，侍者不相信主人，那麼到底如何才能夠重新站立呢？如果侍者不相信主人的話，就只能像孤兒一樣流離失所了。

如果侍者不知道主人的恩惠，輕視主人而向外尋求的話，該會如何呢？當然只會遭到懲罰而已。同理，如果不能相信自己的根本的話，我的主人就會成爲五方神將而對其怒目懲罰。但很多人還是背著主人而生活，因此，挨打也不知是何方之所爲。即使是主人想助一臂之力，也是無法相助的。

2) 爲我佈施

到銀行存錢是爲了自己能日後取用，並不是爲了讓銀行職員享用而送去。同理，如果我幫助了誰或是救了誰，都是爲了自己而所爲，並不是爲了別人所作的。因此不必誇耀自己做了什麼。是因爲我所做的，必由我所受。

即使有座金山，也應花得有意義、有價值才是。那種財產，現在雖然在我手中，若似私有，但世上只靠自己單獨之力所造之物是不存在的。因此它並不是我的，只是現在由我管理而已。

這個世上，沒有我單獨做的。因此不可能存在完全是我的東西。人人都在一起生活，我只是擔當了其中的一部分而已。因此，雖說是我賺的錢，但並不能說是我自己的。因爲那筆錢是通過全體一起運轉的結果而來的。若是懂得了這一點，即使是破了點財，又有何足惜？若是真能如此認爲的話，既然是共同所有，其錢財又豈會無故流失呢？

現在的財產，不是我的。我只不過是一個管理者。因此，若是管理者的話，應該把財產管理好，才是盡其責任的。不應執著於私有。

金錢也是有心的。它是懂得以何種用途而被使用的。

今天如果「無住相」地去幫助他人，且自己的心情愉快的話，愉悅之情也會延續至明日。如果結成了這種緣分，就會有「看不見」的手相助。無手之手給予幫助，且無形之手與有形之手合二爲一，並且又會成爲貴人而處處關照。這是必定的事實。由於大多數人不知此理，才沒能體會到，實際上一切都是通過心來相助於我的。再說，我也並不是單獨存在的。

原本是一心之生活，因此不存在是我給予的還是我收到的。給予之人更不可以爲圖著什麼而做。只有在絕對沒有「我給予了，就必須有所回報」之心的前提下所做的，才會是佈施。如果遇到殘疾人或盲人討錢，如果遇到家境窘迫且家有憂患而不

知所措之人，或是失去雙親而孤獨生存的孩子們，當看見這些人的時候，我們應該以什麼樣的心態去提供幫助呢？應該把他們當成我自己而毫不猶豫地佈施才是。若能想到我在經歷數億劫光年的過程中，也一定曾有過醜陋之時，也一定曾有過貧寒之時，他們正是我曾經經歷過的舊貌，這樣做才是真正的佈施。

如果鄰裏或周邊之人有何困難，應該提供幫助才是。我在看、在聽、在想著的時候，我與鄰裏之間，心的通道就連結了起來。但那並不是指能夠見得到的物質上的「連結」，而是看不見的「連結」。這樣聯結起來，能量就自然會流過去。也就是說，若能一想「啊，那個人無論如何也應該站起來」的話，就一定會站起來。

不知他人的血汗多麼珍貴，而只知自己飽了就好、自己過得好便罷、只要自己過得舒服就可以的想法是非常錯誤的。如果人生在世，不必他人的幫助便罷，但如果不是的話，就切不可忘記受人相助的報應。如果不那樣做的話，就會變成千斤、萬斤之業障。

3) 勿斷順緣

請把一切都想得肯定一些吧。過去的已經過去了，所以不必去問，未來還沒有到來，所以也不必去想。因此，請肯定現實！肯定此地！肯定現在而生活！

不論遇到了什麼，不該拒絕而應接受才是。在這物質世界上衡量之時，即使那樣做根本不可能，但如果不去完全接受的話，這件事就無法解決。

即使是佛陀在你的面前，要吞掉；歷代祖師在你的面前，也要吞下去；把一切眾生都吞下去吧。把一切都吞下去是什麼意思呢？不該因是佛陀，就另眼相看；因為是祖師，便刮目相待；不要從不同的角度加以區分。心靈是無形的，所以便沒有分別；心靈是無形的，所以把一切裝入於我的內在也不會凸起。此便是無門之門的道理。把整個世界都裝入，把諸佛菩薩都裝入也不會凸起。再者，全部裝入也不會凸起，所以全部放出也不會減少。如此以全部裝入來全部拋棄，便能獲得全部。統統獲得了，也就沒有了再裝的東西了。

人類是通過無數的人生、反覆的進化，才來到了今天這個地步。然後，如同過去一樣，未來還要繼續走進化之路。進化的完成，便是成為大自由、無量功德的佛陀。因此，一切生命便在於完成的過程之中。從這一觀點來看，一切生命都與我一

樣，是求道之兄弟，三界便是充滿這種求道者的大道場。一切爲我的求道之伴、吾師。因此，不存在痛苦、痛心、恨、不喜歡等拒絕之境界。

眾生與佛陀，從根本上講，並不是兩個，且人人都能成佛。所以，若是佛門弟子的話，雖然自己覺得比他人出頭一點，也不可以傲慢。佛陀沒有「我相」。在此境地，萬物萬生是平等的，萬物萬生都是寶貴的。又因爲在此地一切低矮不能再低矮，所以在佛陀的世界裡根本不存在高大。那麼，還能因自己覺悟了一點或因自己懂了點什麼而傲慢嗎？

作爲心修者，若是捲入分辨是非而有「我相」的話，即使在修行上有所進展，最終也會變得無效。所謂的修行，便是改掉舊習的過程，若是有「我相」的話，還何以能稱其爲修行呢？不論面臨何種境界，放下託付給內在而走，才能把經歷無數光年之中形成的習慣與業障，都予以熔化。

窮便窮、富便富，不必談論窮與富；到來的，就要順其自然，不必去阻攔；走掉的，就要順其自然地讓他走掉。這樣不排除一切，通通地接受吧。是因爲一切都是由我或知或不知之中所造成的結果，都是因我而形成的。所以，請順其自然地去應付吧。

4) 微物也是有資格才得以托生的

一隻昆蟲，哪怕是一隻甲蟲，都因有其緣由與資格，才來到此世上，這是真理。那麼，人們還能根據自己的標準，以爲是微物，就不足掛齒、微不足道而任意相待嗎？那是有悖於真理的。

我們所生存的道理與其他一切生命所生存著的道理，並不是相異的。哪怕一棵小草所生存的道理，與我們人類所生存的道理也是不異的。只是層次不同、形相不同而以爲有別而已。宇宙天下，都是這樣的。

在世上，不會發生無端之事。一隻螞蟻在運動之中，也包含著道法的意思；刮一絲風，其中也滲透了真理之味道。所謂的真理，不是燦爛無比、光耀美麗，也不在高遠而觸不到的地方。真理不是離開現實而存在的。

一切萬物眾生，從根本上是沒有區別的。生命是一樣的生命，不論動物或人類，珍惜的程度、對象也是相同的。微不足道的生命與高貴的生命，並沒有區別。不僅如此，萬物眾生都是在共生、共食、共用之中運轉著的，因此怎麼會有獨自生存，獨自食用、獨自勞動的情況存在呢？所以，救生也是應該的，難道還要去殺生嗎？

食人間煙火，難免殺生。然而，還是要你不去殺生。爲什麼呢？是因爲一切生命體都具有佛性，來到了此世，同樣是要走成佛之路的。但是，奪去生命、剝奪進化之機會，難道可以肯定人間果真有那樣的權利嗎？並且，我們人類在經歷數億劫的過程中，或成爲魚、或成爲獸。若是這樣的話，無數的生命體，也許曾是我的兄弟姐妹、也可能是父母子女。如此說來，還何以能隨意地殺生呢？

爲了殺生而殺生，是破戒之中最嚴重的。應該珍惜各自的生命，如果他人任意蹂躪的話，那會成爲無可比擬的惡行、惡業。那麼，還要當做樂趣去殺生嗎？作爲人類，這是無論如何也不可以做、不應該有的事。不能放生倒也罷了，否認生命簡直就是豈有此理？

不得不殺生的情況是存在的。我們爲生存不能不去殺生。各生命體之間，不得不形成食物鏈，這就是自然規律。此外，也會有不可避免的情況。生病而需要用藥時，或是奉養父母時，或是爲了救活更多的生命而需要犧牲一個生命時，便是如此。假如在不可避免的情況下上害了一條生命，應該以誠懇的心給它超度。不論在什麼情況下，不能隨便對待任何生命便是前提。即使是在不可避免的情況下殺生，也應該成爲「不殺生的殺生」才是。

5) 心成一體，愛深其內

即使孩子們鬧事，但隨意說什麼話是絕對不行的。隨著我結成的緣分來到了此世，因此才會有碰撞；隨著我結成的緣分才會有這孩子。因此一切都是我的責任而將其放於根本。用溫和的言行相待，不要存有厭惡感。用如此的心態，如此行事的話，諸位的心直接傳到孩子們的心上，使子女們能夠轉念，而成為非常出眾的孝子和孝女。

不怒而笑臉相迎，言語溫和而飾非遂過，不因身分高低而另眼相待，不因微不足道而小覷，請諸君以如此光明磊落之心而生活吧。即使那樣生活也不能永久地活著，那麼又何必你爭我奪、說東道西，說一些兇惡的話而讓自己活得更加勞累呢？並不是非如此否則便無活路。心情舒暢、笑口常開之路是不計其數的。佛陀之法便是鮮花芬芳之法。

並不是因為常給零用錢、常買新衣服、常給予食物，才是對子女真正的愛。如果真正地愛子女的話，應該從精神上培養子女的力量，傳授其能找到寶貝的「方法」。這是和給他們全世界、全宇宙一樣的。比留給其物質財產更為可取。

如果愛是被局限在某一物件的話，那便不是真正的愛。由於萬物平等而珍惜，難道該愛哪個而不該愛哪個嗎？因此，佛陀教

誨我們要把一切視爲一體而互相相愛。既然要愛，就請真正地去愛吧。

由我能負能賜之愛，才是真正的愛。不期待回饋的愛，主動給予的愛，這才是真正的愛。說愛別人，但是因爲我和對方並非爲二，所以根本不存在愛與不愛之說。一切本來是我身、我苦，因此只有慈悲而已。

我的心裏產生所愛之心，對方的心裏才會產生愛的想法。表裏不一、心懷怒氣或懷報仇之心的話，對方也會有如此反應。

在培養子女，或是謀求家庭和睦等問題上，並沒有什麼特殊手段。若說有，只有調理「心」而已。潛在於人的一個想法，有時會使人興旺或滅亡。因此，平時能夠用心給予關懷、不吝惜一句善言的話，就會滲透在潛在的意識之中，其影響會有意無意地反映出來。古話說，一言重千斤。父母的一句愛話，可以興旺子女們的人生；父母的一個意念，也可能化解子女們的千年業障。

要與牛、豬等動物溝通的話，就必須與牛、豬成爲一心才能實現。若不然，就會感到有抗拒感而無法溝通。

6) 真正的放生和超度

不知手心和手背是一體的兩面而說兩碼事，則無法亮起兩面來。一條心蠟可以照亮全體世界，但是因爲把陰界和陽界視爲兩個，所以也不能點亮起先亡父母的心來。一切連在一起，因此點亮了我的心，先亡父母的心也會隨之亮起來。

在超度亡靈之時，懂得「一切與我並非爲二地運轉」的道理做地超度，便成了真正的超度。也就是說，一切諸佛之心與祖先之心、進齋之心都成爲一心之時，亡靈會像跟隨光明而去一樣超度的。已故之人，如果是不知此理而亡的話，意識層次只能停留在生前被動地生活的程度上，因此進齋之人應懂得心法之理而點亮心中之佛燈，以超度亡靈才是。這是真正的超度。非爲二之心，才能和祖先之心連在一起，並能夠立刻心心相通。

雖然蛻了身，但被生前之習性束縛了的心，沒能意識到已沒有了肉身，只是想按照舊習而行事。所以，亡靈不知對方看不見自己，也不知對方聽不到自己之話，要這個、要那個、做這事、鬧那事而使對方痛苦，也會招徠一切不和與病苦之禍端。如果生前做了心修的話，逝去時自能輕爽地走的。正因爲不能如此，不走自己的路，才成爲了遊魂兒而徘徊。

人們死後也認爲自己的肉體還是存在的。雖脫了「衣服」，但不知已經脫掉了。所以遇水怕溺、遇火怕焚，怕鬼，也懼獸。

知道心的道理，能一口氣過江、越坡，不知這道理，身死了以後還依然成為障礙。因此，經傳曰：「揭帝揭帝般羅揭帝般羅僧揭帝。」聖經曰：「過了約旦江見面。」

人們不乏買魚、買龜而放生之舉，那不是真的放生。這就好比把人捉去以後，放至遙遠的異國他鄉，使之又重新面臨絕望之中一般。然後，又站在河邊進行祈禱，難道是在祈禱魚無恙嗎？還是因自己做了好事而祈禱賜福呢？放生，應該是挽救生命的、善意的放生才是，只是做做形式、爲祈福而做的放生是不足取的。

與其買魚放生，不如用這些錢去幫助有困難的孩子交學費、不如買好吃的菜與家屬一起分享。這是更有意義的放生，這正是佛陀所教的道理。

4. 人生不是苦海

1) 苦為業識的遊戲

把我來到此世稱爲苦的不乏其人。理由是這樣的，在我托生於今世之前，在漫長的歲月之中，被物質所束縛、被名號所俘虜而生活的舊習，長久地積累後，成爲「因」而托生爲了人。也就是說，在過去的歲月中，結成了父母、子女之緣分，以各種想法、行動、語言去播下因果報應之種子，才使其變成因果報應而造出各種境界。當然，如果播下好的因緣的話，就會得到善果；播下壞的因緣的話，就會得到惡報，但善與惡是會隨當時的情況而有所不同的。不管怎樣，由因得果，果又成爲因而又生其他果之過程本身便是苦。

喜事與惱事、易事與難事、高興與悲傷的事、喜歡與討厭的、各種憂患、厄難及幸福，此種種都是用自己的身、口、意所做的結果。自己所做所爲的一切，都被輸入進被稱爲心靈的「巨大電腦」之中，當遇到了因緣之後，便會悄悄地出來而擋在我的面前。因此，我之出生本身，便可稱之爲「苦」之體。在過去的歲月中，突出「我相」而又發貪心，被物質所束縛的現象該有何其多呢？那些都會按照因緣而出現在我的眼前，我們把它們稱爲痛苦或是悲傷，因此「苦」是會層層積累的。

這世上是沒有偶然的，一切都是必然的，因而須以正面的態度接受才對。在此世界的運轉之中，是沒有無原因而出來結果的。都是自己播下而自己收穫的。一切都是自己播下、自己收穫、自己承受的。因此，即使現實有多麼痛苦、孤獨，甚至想要輕生，也不該責怪或迴避現實，而應該去面對現實、弄清其緣由才是。由因果而來的境界是想躲也躲不開的，也不會因怪罪他人而有所減輕。

不論是做了善事還是做了惡事，過去的所作所為都會成為業識而按時出現，既會使我們痛苦，也會使我們歡笑。「想死」、「想走哪兒」、「某人很可愛」、「愛上了誰」等等的想法，都是從業識中產生出來的。例如，如同鬼把戲一樣給我們帶來一切喜怒哀樂，但深察其因果關係，沒有一件不是我曾經做過的。

不知此因果道理而生活的不乏其人。不論世上何種事情，沒有一件是不與我過去的想法與行動相關而單獨出現的。如果各位能夠仔細觀察得到的話，會知道雖說只在「傳說的故鄉」[20]才有的事情，其實在現實中也存在。但是不管是否知道這些，關鍵並不在於是否懂得了那些內容與法則，而是在於在我面臨的一切境界裡解除該痛苦。

---

[20] **傳說的故鄉**: 韓國的電視節目之一。其內容是以因果報應為主題的韓國傳統故事。

與我現在的意圖毫無關係而發生的大問題、造成的痛苦，有時產生的孤獨感甚至欲死之念頭，那都是出自於因果。從數億劫以前到剛才，是我的所作所爲和所想的一切都輸入于我的根本以後，再按照因果的規律一個一個地出來的。所以說要放回至「出處」。既使現在經歷的事情多麼痛苦，也不要以爲它是苦的，請放回至根本處吧，只有這樣才能夠熔解掉因緣之線。

我們的思言行爲，都會一五一十地被輸入到「我們的根本處」之中。因此，不論是怎樣隱蔽所做的事情，自欺欺人都是不可能的。並且，我們的根本是與宇宙法界相連在一起的。因此，掩人耳目也是不可能的。我們的一舉一動，並不是只有自己知道，而是宇宙全體都知道的。雖認爲是獨自秘密地所做之事、在心裏的所爲之事，但都與在大庭廣衆之下所做是沒有區別的。有的人不知道此道理，因此偷偷地做壞事、想壞事，自己還以爲誰也沒有看見、誰也沒能聽到。

所謂的業識與奴隸契約是一樣的，會代代相傳而加以束縛。因此須趕快扔掉才對。但其奴隸契約也認爲是自己的東西，因而抓住不想放下。爲什麼要自己拋棄自己的自由權呢？過著奴隸生活的話，絕望之事該有多少，又該多麼勞累呢？

最徹頭徹尾的還是佛陀之法。根據自己的所作所爲、所面臨的是非常正確的。因此，憑一個念頭，就有可能跳出陷阱；藉一個念頭，也有可能跳入陷阱。

如同米與米、豆與豆分類擺放一樣，人也是物以類聚，家庭也是物以類聚的。遇事的人與收拾的人也都有共同的報應。此因緣的構成是徹頭徹尾十分分明的。這裏是沒有偶然的。所以能怪誰呢？如果現在所處的情況和現在所經歷的事情痛苦的話，請先用慈悲之心去調整一切言行。只有這條路才是改變自己處境的唯一之路。

2) 一切境界都因我

人們不管對方是誰、不管是平民還是大師，通常都用自己的標準去加以評價。其實，自己的尺度並不是天下最公平準確的標準。所以要謙虛地想到對方的尺度才是。若覺得對方有些欠缺的話，就以欠缺來對待；大就按照大，小就按著小，去傾心成為一個的話，不就會一向平等、一向圓滿了嗎？假如有人欺負你或做錯事，但那時你若認為「那便是我曾經無知地生存時的形相」的話，就能夠以溫和的言行相待。那還是自己、在過去不懂道理時的自己。若不如此去想，而只看到對方的不足之處的話，就會責怪、迴避，想愛也不可能產生愛心了。

即使有人向我投石、謾罵、誹謗，若我無愧於天就獨行其道便罷，我不接受，反而使他只能收回去。只要我是真心實意、按照佛陀的教誨去行事的話，就不會與他人發生衝突。若我對於他人對我的態度要一一地做出反應，那也是一種執著。將來他

們若要形成圓滿的人格，就必須收回且熔化自己所做的行為業障。

當對方過分地否定我、污辱我的時候，如此想來又該怎樣呢？舉個例子說：「啊，這是為了教導我，所以自性佛起了作用而使他如此言行的。過去，我不懂得此道理的時候，我也可能對別人這樣做過。但以後就不該再這樣了。」如果是這樣，就沒有發脾氣之理，更不會起產生誤會之由，反而是一件值得感謝的事情。這可不是說漂亮話，因為事實就是如此。

正直的心、愛與慈悲、寬容的心、無條件地助人之心、對「一切都是因有我而展開的事情」負責之心，如果具備了上述之心，一切諸佛的心靈之能力就是無時不相伴的。

人生在世，我們要經歷的一切境界的原因，便是自己。有時似乎是與我們毫不相關地偶然地、或是突如其來地發生一些事情，然而那些都是在不知何時的過去，我埋下種子的結果。我播下的種子，只有我去收穫，難道還能去責怪誰嗎？

應該學會把面臨的苦和逆境理解為都是因自己而產生的。一切痛苦與悲傷、障礙與挫折，都是過去由我釀造而如今才遭受的，還能怪誰呢？還能埋怨誰呢？因此，應該怪自己。不都是由於我的存在，才面臨著那種境界的嗎？

關於面臨的苦、逆境界等問題，先怪罪自己是非常重要的。但所謂的怪罪於自己，並不是要認為「那是我的報應，是命中注定的，是我的命運。」在這裡「怪罪於我」反而具有更加積極的容納之意。就是說，苦和逆境界都是能使我進化的珍貴的機會。向我靠近的一切不要認為是苦，而請按其展現的，將其一個個地放回到根本處吧。這樣，就能熔化舊習和業識，苦也會隨之而消失。最後終可見到真我。因此，應該把自己所面臨的一切，當做是鞭策自己的師聖而心存感謝才是。

3) 播種者該收穫

是命運？是命中注定？不是！命運與命中注定是不存在的。既沒有三災，也沒有八難。諸位常被外面的境界所矇騙而到處碰壁，請不要上當。自己的命與運，都是自己造成的。因自己的心黯淡，那麼生活也自然會黯淡，這可不在於命。心靈沒有被啟開而如同關在牆裏的話，生活也會如此；反之，生活就會變得幸福無比。因此，因自己的心光明，那麼生活也自然會充滿陽光，這也不是命中注定的。

命與運，都在於自己的心。一切都是由自己的身、口、意所造且又所受的，所以幸福與不幸之鑰匙都存在於自己的心中。

走路之時，踢破了腳而流血，也只是自己在「哎呀」的瞬間，自覺地撫摸自己，雖然有人來幫助或安慰你，但替你痛苦是做不到的。此道理便是這樣的。因為我所作所為的事情都自動地返回給我，所以別人是不可能替我而承受的。因此，在一切生活之中，應把自己的所作所為放回到自己的根本才對。這就是收穫。放下一切而行之的話，就會熟練放下而行之事，會逐漸有所「感應」，最終必會品嘗到「此道理的真正味道」。

走路之時，若是摔倒，就該從倒下的地方站起來才是。同理，自己所為的事情，是因自己的因果而產生的，所以都應該自己收取、自己解決才對。出自自己心中的，應放回到原處才是。

犯了罪，就該自己去抵罪，他人是無法代替的；他人能做的，只能是安慰。自己犯下的罪行，只有自己去化解。

打了他人的耳光，遲早我也會挨打。施捨他人一碗飯，遲早我也會得到。這正是規律。

化解我之所為的路就在於心。我的一個念頭形成了我。所以，改變因此而產生的問題之路，不也在於轉換一個意念之上嗎？

4) 清洗錄音帶

換一個念頭,便是重新錄入。在錄了音的錄音帶上,錄入新內容的話,以前的內容是會被清洗掉的。洗去民謠而錄入流行歌曲的話,從此就只會放出新歌。同理,在身負而來到此世的「因果之錄音帶」上,輸入新東西的話,從前的因果也是會被洗掉的。

把所面臨的東西放下而走,便是空的輸入,是再成爲空白的錄音帶。

如果永遠不能消除身負而托生的痛苦之因果的話,人生實在是悲哀的。但是,雖然過去的因果絲毫不差地被輸入了進來,但卻有化解之路,苦已經不再是苦了。如同在錄了音的錄音帶上,錄入新的內容,先前錄入的內容會被全部清除一般,我們的「因果之錄音帶」也是相同的。關鍵在於,能夠認識到「降臨於我的這個苦,才是使我成熟的好機會」,若是如此轉念的話,就不要責怪什麼,相信我的根本處的主人空而託付給他便是。

業障是切也切不開、斷也斷不掉的,如果要切斷業障的話,就如用刀去砍斷流水一樣,是不會成功的。因此,只能通過把一切都放回原處而熔解。

過去所負的,在今天熔解的話,要傳到未來的業障也就沒有了。今天,如果把過去所負的業障全部熔解掉的話,將來就沒有習性所粘附的地方。今天熔解掉了,還何以會在未來有所粘附之物呢?

在此世上生活的期間,如何不被病苦厄難折磨而能過得幸福呢?這都取決於自己的想法。現在我們擔負著過去所輸入的業障,但這本來也是不固定的。因此,如果把一切重新放回到已輸入之處的話,過去輸入的內容就會被清洗掉。那麼,因靈界性、遺傳性、因果報應性、細菌性的原因而出來的所謂「命運」,也都會崩塌下來。

一個念頭或一個行動會決定諸位世世生生的未來。除了諸位的未來以外,對子孫的未來也會有影響。這一點是非常重要的事實。因此,即使小,也不要輕視;雖然大,也不要瞻仰;就像俗話「以一句話能付清大負債」所指明的一般,慎重地思考、如實地行動。

5) 處處都有修行的材料

「苦」是心修的材料。苦鞭策著我。喜悅可使我遠離修行、使我懶惰、使我入睡,但痛苦卻能使我眼睛明亮。因此,苦並不是苦。若是因苦才修行的話,苦就是祝福。

苦是進化的過程、成熟的過程、解脫的過程。苦是煉成諸位的修煉之過程、修行之過程。苦並不只是苦。

淬火越多，越是能打出好刀。苦就是那淬火，是把我打造成寶劍的過程。

即使是因他人而受到了莫大的損失，也應該能夠轉念而託付才是。例如：「是爲了我的修行在鞭策著我呢。經過此事，積累了不少經驗。所以，失去的錢也不足惜，就當是交了學費吧。」或「哎！這是爲了治理我、以心傳心，那人的心在轉動而敲打著我。」這樣想的話，就不會仇恨別人，也不必說某人騙了我。實際上這些事情都是因爲有了我而發生的，所以越是那種時候，就越應該託付於一心主人空才是。若是能如此想的話，就會對一心之法的奧妙和慈悲感到感激。相反，埋怨別人，認爲都是因爲你才面臨絕境而哭天喊地，不但失去的不會再回來，而且最終只會更加滋長自己的三毒心而已。

我所面臨的境界，不論是哪一件，都是我曾經所爲的結果這一事實，的確不能不說是一件萬幸的消息。因爲就如同得到了機會修改寫錯了答案的考卷一樣。因此，人生不是「苦」，既是喜事，又是好的機會。況且，託生爲人很難，遇到正法更難，但諸位已經託生成了人，且又能得到佛陀之教誨，那豈不是一件喜事，而且确實是一件令人值得慶幸之事。

知道了此道理，所謂業障就是使我成長的修行之過程。如果說「這是因果，我是沒有辦法的」而束手旁觀，如此否定的話，人生便會有痛。如此的行事，不僅把人生變成了苦，而且是背叛了稱爲進化的自然之規律，是違背佛陀之教誨的。這就與不給幼苗除草、灌漑，反而向它投以石塊是無異的。

所謂的現實之痛苦，若是深究其內涵的話，就是引導我走向光明的過程。使不知原本就已經在光明之中的我覺醒、成長、成熟，從而使我向永遠的光明世界前進的修煉之過程。苦是「自性佛」引導我們慈悲的證件，是訓導的鞭子。

人生不是苦。即使是到了生死之關頭，也絕不是苦。把死當作苦，也許是從應該脫掉舊的肉身的立場上那麼認爲，但是從脫去舊衣、換上新衣的角度去想的話，則絕對不是苦。雖然無可爭辯地存在生與死，但在人生的路上，也打開著遠離生死的不生不滅的涅磐之路。所以，何以能只說是苦呢？

糟糕的環境，發生了意外的事情，那是我的「根本心」想要教導我的一種關懷。如在鑿方石時用釘子一般，境界是爲了把稜稜角角的我修整成圓滑狀，是由「根本心」雕琢我的愛的關懷。因此，面臨逆境界就等於是尋來了心修之機會，錯過時機是不應該的。這樣繼續修行下去，則將會有可以感謝的事情。

不論是誰，人人都喜歡迎接好的境界，而希望繞開壞的境界，但還是在逆境到來之時修行的更多。打個比方，一個運動員，當對手較弱時，對自己不會有多大的幫助，一旦棋逢對手，就會有許多值得學習的東西。

所謂的苦、境界，那些畢竟是幫助我進化的愛的關懷，那些畢竟不是我迴避的對象，也不是我討厭或喜歡的對象。只是默然地接受之對象，並不是努力去除的對象。來了就放下，走了也放下，在這個過程中，苦就是能夠讓我正確看到世上的一切與我的根本心並不是兩個的那種對象。

現在我所面臨的苦的境界，是我在過去的歲月中，以蟲、獸，或以人而生存之時，所作的一切行為的結果。所以，即使面臨任何苦的境界，也不要畏懼或迴避，而應該感到「至少使我覺醒而修行，確也是一件值得感激的事情。」若能如此轉念的話，億劫的因果也能夠熔解掉。

有道是難成人、難遇正法、難成佛。之所以說難，是因為對所遇之事只以分別心來對待。實際上，對所遇的境界，起分別心而評價好與壞、計較的話，即使是遇到了正法也不會知道，最終只能積下苦。在境界到來之時，若能想到「啊！哪怕是這樣，也要使我得以成熟」而知感激且能放下的話，該境界就成為正法了。那時，就不存在集、滅、道，只是從苦中擺脫出

來。因此，若能把稱爲苦的境界加以調製的話，其味道也會是很美的。也一定會是值得感謝的。

不成是爲了成而不成的。所以，應把它當成材料才是，若把它當做苦、當成病的話，我們將不能擺脫掉病苦和厄難。若是我們不改變我們的想法，那麼就不能從到現在爲止在生活中養成的習性，即製造苦的那種習性中擺脫出來。有時，轉了一個念頭的話就能夠輕易地擺脫而站起來，但也可能會死命地拖住不放。爲何要抓住自己已走過來的足跡而不放呢？走過、來了就完了，何必再抓住足迹的影子而放不下呢？

人來到了此世後，不變者不存在；不變的東西也不存在；話說了一句就此固定的情況也是不存在的。看的東西也是如此，一切萬法都是如此，那麼怎麼可能只有成功而不會有失敗呢？只有在有了成功和失敗兩個都有了以後，才能在成與敗之間懂得世上變轉的道理。

對於乘車者來講是出發點，但對於下車者來說卻是終點吧？如此同時乘車與下車，那麼還能輕率地說哪些行、哪些不行嗎？乘車與下車，成功與失敗都是法。若能把失敗視爲把我教育成如磐石一樣堅實而做的實驗或助我修行的材料的話，就能以感激之心放下。並且，成者因是能成之物，所以應感到感謝才對；乘車是法，下車就不是法的話，這世界又該如何維持，我

們又該如何進化呢？該下之時必須要下，但固執乘而行之的話，那是錯誤的。

6) 人生不是苦海

人們傾向於不把佛陀的教誨視為光明的、美麗的、新鮮的，而看做是悲觀的、逃避性的、消極的。佛陀曾說過人生是苦海，而且曾把人生比喻為「火宅」，這都是事實。但此話是對不懂真理而貪溺於歡樂的眾生所發的警告而已。只要人們聽信佛陀所示的深奧教誨，人生就不會是苦海，這世上也不再是「火宅」。相反，會成為永遠幸福的世上、會成為平安的世界。因此，佛陀的教誨是深奧的、美麗的、光明的、堂堂的。

人生不是苦海。即使有生老病死之苦，但因有了佛陀之甘露法，因而不會被這些苦所束縛，所以人生不是苦海。

不太懂「種豆得豆，種瓜得瓜」之理者，不乏其人。因此，一遇到困難，就想著是前一輩子所作的業障導致的結果而死心。不去做任何的嘗試來擺脫困境，這樣的態度是正確的嗎？如果不想得豆，不怕時間晚請在現在就播下瓜的種籽。因作與受都是以心所為的，所以並不存在什麼命運或命中注定。

不論生死之事，人生的各種痛苦與煩惱多麼沈重，別人都是無法代替解決的。家屬、鄰里、親戚們雖能夠助一臂之力，也能給予安慰，但那始終都是自己的責任。因此，結果完全取决于自己怎么去做。

最佳的方法是把一切境界，一切痛苦都轉而放于「根本處」。只要能夠如此反復的話，一切因果都會成爲「空」。大家即使在前世的某個時候犯下了滔天的罪行，從而在現在哪怕正收到其報應，但只要重播于自己的根本，就是會平息的。所以，只有「轉而放下」于自己的根本，才是懺悔中的懺悔，才是功德中的功德。不論是內在發生的或是在外面發生的，都放下于自己的根本。如果諸位真正懂得了佛陀的教悔，那麼人生將不再是「苦海」。我經常說的就是這些。

一位佛者敬上的信

1.

哪怕此身死後成爲一隻蟲子
哪怕死後變成昆蟲或畜牲
哪怕千年來一回
成爲粉末而抛撒千年
只要您有希望
只要您有喜悅
只要您能悟道
我就要走此路
只有此路才是我的願望
不會有比這更好的事情
我一定要走此路
因爲我與您不爲二
因爲我與您同在一心
才共用喜悅與希望
我不會拒絕此路的
不會厭惡的

2.

佛陀大慈大悲
原來如此的
盲目耳聾的眾生
亙古綿長的歲月中
未曾見到也未曾聽到
在很久很長的歲月中
迷路而彷徨
塔碑陳舊塌陷，經傳日久失色
但盲目耳聾的眾生
是在無知中度過　在失去中度過的
幾經餓鬼畜牲道
穿透了幾劫上天和下天
自己的可憐，自己的愚笨
是無人知曉
沒能知曉

3.

啊，不知何時有個人
會早些點明法燈

啊，不知何時有個人
明示大慈大悲是如此的

啊，不知何時有個人
挽救愚笨的眾生
忽然大行大師顯現
才顯現在此世上
使日月星辰重新發光為一心
山川草木沐浴在甘霖之中

盲目耳聾的眾生
終於得到了光明
終於聽到了法音
歡笑熱淚之中
飽食了法餐

4.

啊！大行大師
是傳給末世眾生的福
還是賜予三毒心眾生的法緣
我們實在無法言喻
「即使此身死後成爲一隻蟲子
成爲粉末抛撒千年
來往於此岸與彼岸
刹那的生活堂堂而又正正」
這一雷鳴般的教誨
我們驚訝得無以自容
有道是遇法難
遇大師更難
向未曾積過功德的我們
欣然賜予半分座的光榮
此大恩大德用生命去相報
還是用什麼去相報

5.

啊，大行大師
大師曾施法雨洗浴了我們的雙腳
下達了法文洗滌了我們的心靈
把被風波驚嚇且被世波折磨的我們
用慈悲的眼淚給予擁抱
如果傾吐身負過重
說「知道了」且給予分擔
若說討厭病苦厄難
大師就會點明燈盞
啊，大師
以慈悲之心當作本
以無住之法示其用
要用點明一心報恩
以實踐教誨而報恩
培育覺悟之芽去報答大海般的恩德

6.

大行大師！
千尺平足振白頭
大喝佛陀眾生本不二
我們會應著起舞
牢記教誨定要實現父子相逢
從而
在不停地旋轉著的水車輪上
一定綻放出沁人的蓮香
從而在時刻不停的火輪上
帶來沁人的花香
此路，只有此路
才是報答佛恩之路
此路，只有此路
才是報答大師恩德之路

7.

大行大師
萬壽無疆吧
雖說生死本不二，生死本無關門
但我們眾生的生活
不被生死拖累就已知足
請不要說本無關門
請長久地、長久地
留在我們的身旁
請接受我們的訴苦，容納撒嬌
除非大師
誰能當萬物眾生之慈母
大行大師
不是說眾生的病痊癒之後
我病才能醫嗎
治癒了我們的病
毅然站立之時
一定要回敬大師
回報大師
長久地、長久地
保重聖體，萬壽無疆吧

8.

雷打老松
法界降雨
小溪成河填大海
大小魚類
歡歌起舞
嗚呼，才見到盛世
嗚呼，這裏才是佛國淨土
普賢行願大行大師
抓住日月
揮舞錫杖
山川草木
翩翩起舞
嗚呼，盛世才至
嗚呼，此地便是佛國淨土
大師　大師　大行大師

— 1996年 秋 —

▋ 譯者後記

　　本書的原典是韓文版的「人生不是苦海」。原典的內容就是把大師在不同的法會上向普通民眾所作的開示，根據主題編著而成的。但在進行中文翻譯的過程中我們發現，由於文化上的差異，有些部分很難以用語言上的表達手法來轉達原文的本來之意。當然，還因爲譯者能力之所限，難免會出現不少的誤謬。所有這一切都歸咎於翻譯者的責任，盡請得到諸位的諒解。惟有恭候更優秀的佛門弟子出現，以來糾正本譯書之缺點，並能將大師的教誨和精神發揚光大。

　　從翻譯到出版，許多大陸和臺灣的朋友及老師們不僅在整理和修改等方面給予了積極地幫助，還在內容等方面提共了寶貴的意見。張太植先生幫助譯者作了草稿翻譯，梁錦文老師，李華夏老師提出了寶貴的指導意見，鄭曉昀、官太發、高英凱、蔡啟勝、黃士傑、蘇崇瑜、陳相宇等同學和王石先生，在修改譯稿等方面也做出了大量的工作。如果沒有他們的幫助，這本譯書是不可能被出版的。因此把他們的名字一併紀錄於此，以表感謝之情，共享功德。

　　在此，再一次謹祝大行大禪師的慈悲法語能夠滋潤我們的心田。

佛紀2550年9月5日
西紀2006年9月5日
柳時和（法名：太衫）三拜

240

Anyang Headquarters of Hanmaum Seonwon

(430-040) 101-62 Seoksu-dong, Manan-gu, Anyang-si
Gyeonggi-do, Republic of Korea
Tel: (82-31) 470-3175 / Fax: (82-31) 471-6928
www.hanmaum.org/eng
onemind@hanmaum.org

Overseas Branches of Hanmaum Seonwon

ARGENTINA
Buenos Aires
Miró 1575, CABA, C1406CVE, Rep. Argentina
Tel: (54-11) 4921-9286 / Fax: (54-11) 4921-9286
www.hanmaum.org.ar

Tucumán
Av. Aconquija 5250, El Corte, Yerba Buena,
Tucumán, T4107CHN, Rep. Argentina
Tel: (54-381) 425-1400
www.hanmaumtuc.org

BRASIL
Sao Paulo
R. Newton Prado 540, Bom Retiro
Sao Paulo, C.P 01127-000, Brasil
Tel: (55-11) 3337-5291
www.hanmaumbr.org

CANADA
Toronto
20 Mobile Dr., North York, Ontario M4A 1H9, Canada
Tel: (1-416) 750-7943 / Fax: (1-416) 981-7815
www.hanmaumcanada.org

GERMANY
Kaarst
Broicherdorf Str. 102, 41564 Kaarst, Germany
Tel: (49-2131) 969551 / Fax: (49-2131) 969552
www.hanmaum-zen.de

THAILAND
Bangkok
86-1 soi 4 Ekkamai Sukhumvit 63
Bangkok, Thailand
Tel: 070-8258-2391 / (66-2) 391-0091
home.hanmaum.org/bangkok

USA
Chicago
7852 N. Lincoln Ave., Skokie, IL 60077, USA
Tel: (1-847) 674-0811
www.buddhapia.com/hmu/chi/

Los Angeles
1905 S. Victoria Ave., L.A., CA 90016, USA
Tel: (1-323) 766-1316
home.hanmaum.org/la

New York
144-39, 32 Ave., Flushing, NY 11354, USA
Tel: (1-718) 460-2019, 070-7883-5239 / Fax: (1-718) 939-3974
www.juingong.org

Washington D.C.
7807 Trammel Rd., Annandale, VA 22003, USA
Tel: (1-703) 560-5166 / Fax: (1-703) 560-5566
http://home.hanmaum.org/wa

Books by Hanmaum Publications

- A Thousand Hands of Compassion (bilingual, Korean/English)
  [received *2010 iF communication design Award*]

- Wake Up And Laugh (English)

- No River To Cross, No Raft To Find (English)

- My Heart Is A Golden Buddha (English)

- Touching The Earth (English) (Forthcoming 2014)

- The Moon In A Thousand Rivers (bilingual, Korean/English) (Forthcoming 2014)

- *Practice in Daily Life* (Series) (bilingual, Korean/English)
  1. To Discover Your True Self, "I" Must Die
  2. Walking Without A Trace
  3. Let Go And Observe
  4. Mind, Treasure House Of Happiness
  5. The Furnace Within Yourself
  6. The Spark That Can Save The Universe
  7. The Infinite Power Of One Mind (Forthcoming 2014)
  8. In The Heart Of A Moment (Forthcoming 2014)
  9. One With The Universe (Forthcoming 2014)
  10. Protecting The Earth (Forthcoming 2014)

- 건널 강이 어디 있으랴 (Korean)

- 내 마음은 금부처 (Korean)

- El Camino Interior (Spanish)

- Vida De La Maestra Seon Daehaeng (Spanish)

- Enseñanzas De La Maestra Daehaeng (Spanish)

- Práctica Del Seon En La Vida Diaria (Series) (bilingual, Spanish/English)
  1. Una Semilla Inherente Alimenta El Universo

- Si Te Lo Propones, No Hay Imposibles (Spanish)

- Wo Immer Du Bist, Ist Budha (German)

- 人生不是苦海 (Traditional Chinese)

- 无河可渡 (Simplified Chinese) (Forthcoming 2014)

- 我心是金佛 (Simplified Chinese) (Forthcoming 2014)

Books available through other Publishers

- No River To Cross
  Wisdom Publications, U.S.A.

- Wake Up And Laugh
  Wisdom Publications, U.S.A. (Forthcoming 2014)

- Wie Fließendes Wasser : German edition of *My Heart Is A Golden Buddha*
  Goldmann Arkana-Random House, Germany

- Vertraue Und Lass Alles Los : German edition of *No River To Cross*
  Goldmann Arkana-Random House, Germany

- Umarmt Von Mitgefühl : German edition of *A Thousand Hands Of Compassion*
  Diederichs-Random House, Germany

- Wache Auf Und Lache : German edition of *Wake Up And Laugh*
  Theseus, Germany

- Ningún Río Que Cruzar : Spanish edition of *No River To Cross*
  Kailas Editorial, S.L., Spain

- 我心是金佛 : Traditional Chinese edition of *My Heart Is A Golden Buddha*
  Oak Tree Publishing Co., Taiwan

- Дзэн И Просветление : Russian edition of *No River To Cross*
  Amrita-Rus, Russia

- Sup Cacing Tanah : Indonesian edition of *My Heart Is A Golden Buddha*
  PT Gramedia, Indonesia

- *No River To Cross* (*title to be determined*) : Arabic edition of *No River To Cross*
  Sphinx Publishing, Egypt (Forthcoming 2014)

- *My Heart Is A Golden Buddha* (*title to be determined*)
  Lithuanian edition of *My Heart Is A Golden Buddha*
  Baltos Lankos, Lithuania (Forthcoming 2014)

今後將要出版更多此類圖書。

如需瞭解詳情，請通過以下地址與我們聯繫。

Hanmaum國際文化院 / Hanmaum出版社

大韓民國 京畿道 安養市 萬安區 石水洞 101-60

zip code 430-040

e-mail: onemind@hanmaum.org

www.hanmaum.org/eng

Tel: +82-31-470-3175/ Fax: +82-31-471-6928